antique postcards collection in fukuoka

ふくおか絵葉書浪漫

アンティーク絵葉書に見る
明治・大正・昭和の福岡県風俗史

益田啓一郎 編

平原健二
畑中正美
コレクション

005　福岡郵便貯金支局開局記念
明治43年11月（エンボス加工）

海鳥社

ふくおか絵葉書浪漫

antique postcards collection in fukuoka

アンティーク絵葉書に見る明治・大正・昭和の福岡県風俗史

平原健二
畑中正美
コレクション

絵葉書ブームと日本の大衆文化の発達

流行

006
博多築港記念大博覧会　正門
昭和11年

町並み

007
博多　土居町
昭和初期

008
商船会社桟橋（門司名勝）
大正初期

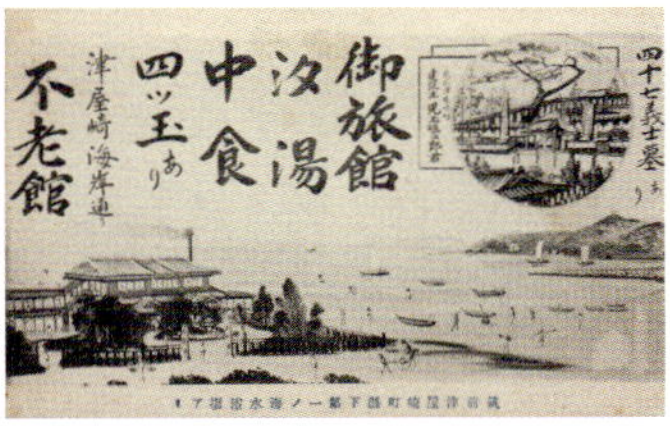

010
筑前津屋崎町不老館
大正初期

009
飯塚中村納涼場　音楽堂
大正初期

011
博多市街全景（福岡市）
明治44年頃

絵葉書ブームと日本の大衆文化の発達

益田 啓一郎

魅惑の絵葉書世界へようこそ

「絵葉書収集が趣味です」。そう言うと、少し前まで「絵手紙ですか」とか、「集めて何が楽しいんですか」という答えが返ってきた。これまで一部のコレクターや研究者の間でしか、その存在価値が知られていなかった絵葉書だが、この二、三年、「絵葉書」と冠した出版物が急激に増え、その資料性が改めて見直されている。

それと連動するように、博物館や歴史資料館などの企画展にも、絵葉書を上手に活用した展示が増えている。そう、絵葉書は今、ちょっとしたブームだと言っていいだろう。

絵葉書の画像は、これまでにも、昔の写真資料として「ふるさと百年史」や「思い出のアルバム」という類の出版物には必ずと言っていいほど使われてきた。それも半端な数ではなく、町並みや建築物、鉄道など近代史・文化史を語るあらゆるジャンルの出版物で……。しかし、編纂された出版物の大半は画像が絵葉書であることを紹介していないし、本の趣旨からその必要もないものばかり。名脇役として必要な存在でありながら、絵葉書にスポットが当たることは、ほとんどなかったのだ。

そんな絵葉書を主役にし、「福岡県から昭和三十年頃までに発行されたもの」に絞って編纂したのが本書である。

この本で紹介する絵葉書は、一般的に「レトロ」とか「アンティーク」という言葉で括られているものだ。しかし、今でも文具店や書店、観光地の売店に行くと、名所絵葉書をはじめ、様々な趣向を凝らした絵葉書が幾種類も売られている。自己表現や趣味趣向のツールとして庶民の暮らしに定着し、文化となっているからだろう。

日本の絵葉書創世史

日本の絵葉書の歴史は、二十世紀とほぼ重なっている。アンティーク絵葉書収集の楽しさをひと口に言えば、わずか9cm×14cmというサイズに収められた画像やデザインから、二十世紀の歴史や文化を読み解くことである。

日本に絵葉書がもたらされたのは、明治二十年代半ばのこと。すでに西洋では絵葉書の人気は不動のものとなり、同好の士が集うクラブができるほどだったが、日本では明治三十三年十月一日に私製葉書の発行が認められるまで、一般に広まることはなかった。

明治三十五年六月、逓信省が万国郵便連合加盟二十五周年を記念して発行した六種類の絵葉書が大評判となる。さらに明治三十七－三十八年、日露戦争に赴く兵士の慰問のために発行された絵葉書が人気を呼ぶ。戦勝記念の絵葉書が発行されると、購入を争う人々で死亡事故が起きるほど爆発的に売れ、絵葉書ブームが起きた。

民間でも競って絵葉書が発行されるようになり、都市部だけでなく地方にも急速に波及していく。TVやラジオなど、現在のようにマスメディアが

014

012

015

013

彩色絵葉書と白黒絵葉書

左の上下の絵葉書は、上段が彩色を施したカラー絵葉書。下段がもととなる白黒絵葉書。最初は一枚一枚手で彩色する手彩色であったが、大正期になり次第に機械による彩色へと変わっていった。

012、013
二代目博多駅
大正初期

014、015
西中洲と那珂川
大正中期

多様化していなかった時代である。新聞もまだ上流階級の読み物で高価だった。そんな中、安価で、自分の趣味で自由に選ぶことができる絵葉書に人気が集中したのは想像に難くない。既に郵便制度が庶民に浸透していたことも幸いした。

　明治四十年代になると、ブームはさらに加熱し、全国に絵葉書専門店が次々にできていった。絵葉書商組合が生まれ、絵葉書の専門雑誌が次々に創刊。「少年倶楽部」「新小説」といった雑誌の巻頭に絵葉書が付録として挿入され、いつしか絵葉書付録のない雑誌は売れないほどになる。

絵葉書作家誕生と印刷技術

　この時代の特徴として、当時ヨーロッパで大流行していた「アール・ヌーヴォー」様式が日本美術界にも受け入れられたことがある。当時の若手画家たちは、絵葉書というニューメディアを柔軟に捉え、アール・ヌーヴォーをモチーフにした作品を絵葉書で発表、先端アートを競い合った。

　大正期に入るとアール・デコ様式が流行し、竹久夢二や加藤まさを、蕗谷虹児といった人気絵葉書・挿絵作家が次々に誕生し、絵葉書ブームは最高潮となる。

　また、絵柄・デザインとともに絵葉書を構成する重要な要素の一つが印刷技術だが、絵葉書の進化の過程で様々な印刷技術が発達したことも特筆すべき点である。当時、新しい印刷技術を導入した日本の印刷各社は、技術を競う場として絵葉書を用い、外国製絵葉書に負けない美しい絵葉書を作った。

　絵葉書創世期には写真のカラー印刷技術はなく、人々の「カラー写真が見たい」という要望に応え、白黒の写真絵葉書に一枚ずつ筆で彩色した「手彩色絵葉書」も流行する。彩色は当時の主婦の人気内職となり、大正初期まで各地で様々な絵柄の手彩色絵葉書が作られる。当然だが、彩色見本に合わせて一枚ずつ色を塗って仕上げる手彩色絵葉書は、同じ絵柄でも仕上がりが一枚ずつ違い、それがアンティーク絵葉書の価格にも反映してくる。

　印刷方法には、木版、銅版、平版、石版、コロタイプ（写真版）、凸版など様々な技法があるが、当時の高級絵葉書は、一枚の中にこれらをいくつも併用。さらにエンボス（箔押し）加工まで施した絵葉書も数多く存在し、明治末期に大人気となるが、まさに芸術品の域だった。

多様化と企画競争の時代

　印刷環境が大きく変化する契機となったのが大正十二年の関東大震災。印刷資本・技術が集中していた東京は大きな被害を受け、現在主流となっている、安価で大量印刷の可能なオフセット印刷が普及することとなる。

　絵葉書にもその影響は現れ、次第に高級品よりも薄利多売品に重点が移り、技術や品質よりも絵柄や写真の構図、記念ものやシリーズものの出版など、企画で勝負する時代となっていく。コレクターの間で、絵葉書の価値が「明治末から大正初期のものがベスト」と言われる由縁である。

　昭和に入るとその傾向はさらに強まるが、安価に生産できるようになったことで、中小企業や商店、学校や病院などが気軽に宣伝ツールとして絵葉書を活用し、ジャンルは多様化していく。

　その後、戦時色が強まるにつれて、職人を失い物資不足となって、印刷技術や紙質は悪化の一途を辿ることとなる。印刷会社出身で、デザインなどを仕事としてきた人間が言うのも妙だが、戦後六十年が経とうとしている今も、大正初期に発行された絵葉書の印刷技術やレベルに追いついていないと感じるのは、私だけではないと思う。これは実際、当時の絵葉書に触れて実感することだ。

016

017

018

019

020

021

絵葉書の袋（タトゥー）コレクション

016
博多二〇加シリーズ
大正中期・大崎周水堂

017
福岡と博多名勝
昭和初期・大崎周水堂

018
岩田屋新築落成記念
昭和11年・岩田屋

019
鉄都八幡名勝
昭和4年・製鉄所共済組合購買部

020
博多築港記念大博覧会
昭和11年・福岡市

021
松葉屋呉服店開店記念
大正9年・松葉屋呉服店

福岡県の絵葉書メーカー

明治三十八年頃には、福岡県内でも門司鉄道局や八幡製鉄所など、県や市以外に民間でも絵葉書が発行されるようになる。発行元は地元の写真館や書店が中心で、明治末までは東京などで印刷したものを県内で販売していたようだ。大正期になると印刷業を営む地場企業の参入も目立ってくる。

名所絵葉書発行元の主な名前を挙げると、博多では尾島筑紫堂、天泉堂、福岡天眞社、吉田山水堂、大正期になると土居町で現在も盛業中の大崎周水堂や復古堂などが参入して絵葉書全盛時代が来る。さらに大正後期になると大崎周水堂の独占となり、昭和に入り秀巧社や久野商会、島井印刷など印刷会社の印行名が入ったものも増えてくる。

門司・小倉ではＳ・ＩＮＯや三木写真館、金澤整美堂、八幡では尚美堂などが競って良質の絵葉書を発行するが、昭和に入る頃には下関の龍古堂製が増えている。

北九州周辺でも、芦屋の秋枝商店、津屋崎の大久保写真所、毛利写真館、福間の倉元、行橋の亀水写真館、本吉商店、佐々木書林、豊前八屋の大江青明堂などシリーズを発行している版元は多い。

筑豊では後藤寺駅前の文寿堂や加来雑貨店、金田の許斐商店、直方の尾島葉書店、飯塚の古川太陽堂、木月書店、昭和期に入ると向町の田淵書店が積極的に発行している。また、炭坑関係では昭和期になると麻生商店発行も目立つ。

甘木・朝倉は吉井の田代青栄堂、小石原の佐藤商店などが良質の町並み絵葉書を残している。

久留米は、明治期から大正期は激戦区で、主に菊竹金文堂や田村盛寿堂、広重文会堂、知新堂、酒井書店、城北写真館などが競って発行していた。

筑後地区は船小屋の近藤書店、柳川の彌吉文具店、金澤屋、大川の石橋商店、八女福島町の柴田写真館、大牟田駅前の山田屋などの名前がある。

宛名面の特徴から読みとる

絵葉書は絵柄が「命」であることは確かだが、実は宛名面にも様々な情報が詰まっている。例えば、切手を貼る部分のデザインは絵葉書メーカーごとに異なる。尾島筑紫堂の福助マーク、大江青明堂の鳩というようにそれぞれが工夫を凝らし、またアール・ヌーヴォー風の飾りを施したデザインなども多数見られる。

さらに、宛名面には発行時期を特定できる要素がいくつか隠されており、消印や切手、何度か変更された仕様などから、大まかな発行時期を読みとることが可能である。

例えば、明治三十三年に私製絵葉書の発行が認められてから同四十年三月二十七日までは、宛名面に通信欄はなく、通信文の記載は認められていなかった。翌二十八日からは宛名面の三分の一以内の通信文が認められ、絵葉書もそれに合わせて改良発行される。

大正七年三月一日には、宛名面の通信文記載が三分の一から二分の一に拡大され、その後昭和八年二月十五日より、「はかき」表示が「はがき」となり、戦後はそれまでの右から左への文字表記が左から読む現在の表記へと変化している。

切手の額面や種類からも当然、時代が読みとれ、記念スタンプ印など宛名面で楽しめる要素は多い。これらを参考にすることで、絵葉書の世界はさらに奥深く楽しいものとなる。

宛名面にも歴史がある

024

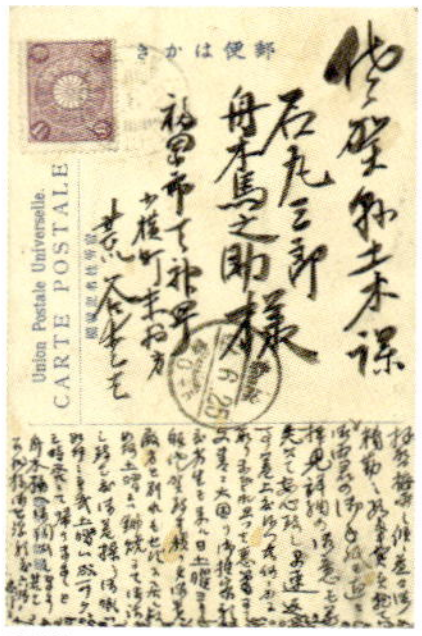

023

022

025

022は通信文の記載が許可される前の宛名面。023、024は通信文の3分の1以内の記載が認められた後の宛名面で、024はライオンのマークが入った未使用品。025は明治末から大正初期にかけて多種発行された絵葉書帳の表紙で、中に8－12枚の絵葉書が綴じられている。

絵葉書の店頭販売風景

昭和3年、八幡西本町・尚美堂書店の店頭風景。店舗内に飾られた絵葉書が見える。

第1章

流行

デパート・カフェ・ビリヤード・ラジオ放送・書店・博覧会

絵葉書は、登場すると同時に大衆向けの広告媒体としての歴史もスタートさせ、明治末から大正初期にかけての一大ブームで、その地位を不動のものとする。ファッションや文化から店舗開店、売り出し、震災や水害といったニュースまで題材にした絵葉書が登場。流行の最先端を発信する媒体としての活躍は目覚ましく、当時小さな町にも一軒はあったという絵葉書屋の店先で、庶民は大都市の流行や地域の最新情報まで知ることができた。

この章では、流行の先端としての絵葉書の魅力を、いくつかのテーマで見ていく。

026　小倉井筒屋　昭和20年代

028

027

玉屋百貨店

027、028
デパートメントストアー玉屋呉服店
大正14年

大正14年10月開店。昭和8年の増築の際には電光ニュースが登場。昭和10年の10周年の際に七階建て部分を増築した。

デパート

福岡・博多に続々登場！

最新情報を発信するツールとして絵葉書が定着した大正後期、福岡県内にもデパートメントストア（百貨店）が誕生する。福岡市で最初に本格的なデパート方式を導入し、デパートと名乗ったのは大正十四年十月開店の玉屋だが、それ以前にも中村家具店（呉服町、大正五年）や松葉屋呉服店（東中洲、大正九年）がエレベータ付きの立体商店として登場している。特に松葉屋呉服店は本格的なエレベータ付き五階建てとして大正九年三月に開業し、客寄せ企画として演芸などの催しを定期的に行った（大正十二年一月の「中洲大火」で全焼）。松葉屋の母体は博多織の「松居」で、松居の店員から独立した宮村吉蔵は明治三十一年に松屋を開店。現在のマツヤレディスの場所に移転・拡張し、昭和四年に三階建て八百坪、昭和八年には三二〇〇坪あまりの近代ビルとなる。

昭和十一年十月に天神交差点に岩田屋が開店すると、顧客獲得競争はエスカレート。名所絵葉書セットにもデパートの盛況ぶりを収めた絵柄が増え、松屋の名文句「お見物は岩田屋で、お買物は松屋で」なども登場し話題となった。

030
松屋百貨店屋上より西公園遠望
昭和10年頃

松屋百貨店

029
橋口町　松屋百貨店外観
昭和8年

031
天神交差点及び岩田屋百貨店遠景
昭和25年頃

岩田屋百貨店

032
福岡岩田屋全景
昭和23年頃

昭和11年10月、地下１階・地上８階建て近代ビルとして開店。店内をイメージイラストで紹介した宣伝絵葉書を配るなど、オリジナル絵葉書も数多く発行している。

034（上）、035（下）
岩田屋開店記念絵葉書
昭和11年（店内のイメージイラスト）

033　**岩田屋店内景観**　昭和11年頃

松葉屋呉服店

036、037
博多　松葉屋呉服店（外観、店内）
大正9年（開店記念の絵葉書）

デパート

北九州のデパート攻防

北九州市を構成する旧五市にも、大正末から昭和にかけてデパートが相次いで出現する。門司には平井屋がデパートの先駆けとして開店、平井屋を吸収した山城屋は戦後も発展を遂げる。小倉では大正末にかねやす商店が魚町で発展し、かねやす百貨店となり、続いて地元資本を集めた井筒屋が昭和十一年に現在地に開店。佐賀から進出してきた玉屋は小倉室町に進出するが、地元の反対に合い当初は「菊屋」を名乗った。八幡の九州百貨店、若松の丸柏百貨店（昭和十三年開店）などが相次いで開店するが、当時の店で現在も営業を続けているのは井筒屋のみである。

山城屋百貨店
038
交通繁華なる桟橋通り（門司名所）
昭和11年
昭和9年開業。門司を代表するデパートとして戦後も繁栄。平成6年1月倒産。

かねやす百貨店
039
かねやす百貨店附近（小倉名勝）
昭和14年
昭和11年、魚町4丁目の旦過市場近くに開店。

平井屋百貨店
040
門司平井屋（門司名勝）
昭和6年頃
大正末に開業。昭和9年4月に新築ビルを竣工するが、後に山城屋に吸収される。

041
門司平井屋百貨店
昭和9年5月

042
井筒屋百貨店
昭和23年頃

井筒屋百貨店

043
井筒屋百貨店前（小倉名勝）
昭和14年

昭和11年10月、地下1階・地上7階建てで現在地に開店。地元資本で設立された井筒屋は現在も発展盛業中。

菊屋百貨店

045
菊屋デパート前通り（小倉名勝）
昭和14年

昭和12年に小倉玉屋として開業するも、地元資本などの反対に合い一時菊屋と改名、戦後も繁栄した。近年、再開発に伴い建物は姿を消し、跡地はリバーウォーク北九州となった。

九州百貨店

044
中央区新町㋖附近（八幡名勝）
昭和13年

昭和7年開業。マル九の愛称で親しまれた九州百貨店は戦前の鉄都・八幡の繁栄を象徴するデパートだったが戦災で部分焼。京都の丸物が資本参加し、昭和38年丸物百貨店となる。

久留米のデパート

昭和十二年、筑後地方初のデパートとして、久留米市六ツ門に旭屋デパートが開店。昭和三十七年に井筒屋と業務提携して、久留米井筒屋となる。

旭屋百貨店

046
旭屋デパート（久留米名勝）
昭和12年

カフェ

ブラジレイロ

047
東中洲電車通り（福岡名所）
昭和9年頃

昭和9年4月6日、東中洲西大橋袂の旧不二家デパート別館跡に新築開店。戦争が激化した昭和19年秋に強制疎開させられた。

福岡・博多のカフェ全盛期

東京など大都市の近代化の波が地方へも波及し始めると、様々な商業形態や文化が福岡にも登場する。喫茶店形態の「カフェ」もその一つ。福岡市では大正九年、西中洲に開店したカフェ・ブラジルを皮切りに続々とその数が増え、昭和初期には一大ブームとなった。当時、カフェは西洋料理業に属し、珈琲や軽食を楽しむ喫茶店から酒類を提供するスナックまで幅広い業態で隆盛となり、競争も激化。開閉店を繰り返しながら、劇場やデパートとともに中洲歓楽街の中核を担っていく。

そんな中、昭和九年春に伝説のカフェ「ブラジレイロ」が東中洲の西大橋の川べりに開店。白亜二階建ての外観に総ガラス張りの「ハイカラ」なこの店は、夢野久作や火野葦平、原田種夫ら作家や詩人を中心とした福博文化人のサロン的な役割も担い繁栄したが、戦争が激化する中、昭和十九年秋に「強制疎開」となり姿を消した。西大橋の袂にはブラジレイロを愛した原田種夫の文章による記念碑が建ち、往時を偲ばせる。

048

048
西大橋と東中洲遠景
昭和10年頃

049

049
最も繁栄なる東中洲街
昭和5年頃（福岡と博多名所）

東中洲の電車通り沿いには、大正14年にカフェ・パウリスターが開店。その後もカフェ・キリンなど次々に開店した。絵葉書右に見える生田菓子店なども2階に喫茶を設けるなど、業種入り乱れブームとなった。

050

050
博多那珂川噴泉浴場
階上休憩室・階上洋食堂
大正11年3月

娯楽型浴場施設の先駆けとして開業した噴泉浴場には、理髪店や球技場、演舞場などに加え、カフェの雰囲気を備えた休憩室や洋食室もあった。

051
福岡新名所　西中洲水上閣全景
大正13年

052
福岡新名所　西中洲水上閣二階食堂
大正13年
福岡西中洲（現・九州親和銀行の場所）に開店した水上閣は、大正9年にカフェ・ブラジルがオープンした建物。大正12年8月に建物3階を増築、翌13年に開園した水上公園にちなみ名称変更。この2枚はオープン記念の絵葉書。

ビリヤード

053
三菱鉱業
新入炭坑協和会館　撞球場
昭和16年
大正10年前後より、福岡県内でもビリヤードが流行。娯楽施設として、様々な施設の中に設置された。三菱鉱業のように、炭坑関連施設として設置されるケースも少なくなかった。

ラジオ放送

054、055
JOLK　日本放送協会福岡演奏所　開設記念絵葉書
昭和3年9月
日本放送協会福岡演奏所は昭和3年9月、福岡市因幡町（現・中央区天神）に開設。鉄筋2階建て、40人編成のオーケストラも入れる広さと完全防音・冷房は全国初の新設備。全国で最初に完成した本格的なラジオ演奏所だった。

書店

積文館
056
最も繁華なる東中洲街（福岡と博多名所）
昭和12年頃

戦前の最盛期の中洲大通りの絵葉書には、サクラビールの看板の奥に積文館の看板が見える。

福岡の書店

福岡県内には明治期から各地に書店が開店する。明治二十三年に大阪の積善館が博多中島町に支店を開設。大正五年、本店が卸問屋に業態変更したことを機に積文館と改称し、中洲電車通りに進出、現在の積文館書店の祖である。大正中期の東中洲大通りの絵葉書には積文館の看板が大きく写っている。

大正五年には同じく中島町に久留米の菊竹金文堂が福岡支店を開設。現在の福岡金文堂の祖となる。金文堂から暖簾分けした書店は多く、金文堂福岡支店も、元は金文堂で学んだ山本弥助が大正元年より金星堂を経営、途中廃業して金文堂福岡支店となったもの。

また、菊竹金文堂は明治期より絵葉書発行元として久留米を中心に数多くの絵葉書を発行している。同様に八幡市の尚美堂や飯塚市向町の田淵書店など、地方書店の多くが絵葉書を発行していた。

福岡橋口町古書街
057
橋口町（福岡百景）
明治44年頃

日本生命福岡支店（現・赤煉瓦文化館）から橋口町にかけては、昭和初期まで古書店が軒を連ねる古書街だった。

058

059

菊竹金文堂
058、059
金文堂正面、一階陳列
大正初期

久留米の菊竹金文堂本店の旧店舗。新築開店記念の絵葉書シリーズより。

博覧会

福岡県で最初に開催された博覧会（当時の名称は共進会）は、明治二十年四月に博多中洲で開催された第五回九州沖縄八県連合共進会。その後、明治四十三年に今の天神中心部一帯で開催された第十三回九州沖縄八県連合共進会では、記念絵葉書が数多く発行された。先端の文化・産業を総合して紹介する博覧会に、躍進する市勢を象徴するイベントとして各都市が力を注ぐのは、今も昔も同じ。福岡市では開催に合わせて、路面電車の開通など交通体系を整えた。

手軽な記念品として求めることができる絵葉書は、博覧会の都度、様々なデザインを施したものが発行され、人々を楽しませた。

060
九州沖縄八県連合共進会記念
明治43年
当時世界的に流行したアール・ヌーヴォーを意識したデザインが美しい。エンボス加工に加え金刷りを使った豪華な絵葉書。

第13回九州沖縄八県連合共進会

061
観覧車より見たる展望閣
明治43年
現在の岩田屋新館から済生会病院までの一帯10万平方メートルの会場で開催。3月11日から60日間の入場者数は91万4千余人。出展品目104種、5万5千余点。この共進会の大成功が、今日の福岡市の繁栄に大きな影響を与えた。福岡市は大正から昭和、平成へと博覧会を機に埋め立てや造成を行い、九州一の都市へと成長していくことになる。

062
九州沖縄八県連合共進会　音楽堂
明治43年

063
九州沖縄八県連合共進会　全景
明治43年

東亜勧業博覧会

064
東亜勧業博覧会　本館
昭和2年

昭和2年、大濠埋立地（現・大濠公園一帯）で開催。60日間の会期中の入場者数は159万人を数え大成功だった。会場跡は大濠公園として整備され、昭和4年開園。博覧会当時の面影を残す大小５つの橋は今も健在。

066

065

067

065
福岡市主催
東亜勧業博覧会記念
昭和2年（エンボス加工）

066
東亜勧業博覧会
子供園
昭和2年

067
東亜勧業博覧会
飛行機上より見たる会場全景
昭和2年

068

九州沖縄勧業共進会

068
九州沖縄勧業共進会　会場全景
大正4年

九州沖縄物産共進会

069
九州沖縄物産共進会　博多中券
大正7年

須崎裏の監獄署跡地（現・須崎公園）、埋立地などで開催された物産共進会での博多中券の唄風景。横断幕の広告も興味深い。

069

工業博覧会

070
空中より観たる工業博覧会第一会場全景
大正9年

九州電気協会・化学工業協会共催で第一会場・須崎裏監獄署跡地、第二会場・西公園下福岡築港埋立地で開催。図柄は大刀洗飛行航空隊が祝賀飛行の際に撮影したもの。

071
工業博覧会　第一会場内景
大正9年

全国子供博覧会

072
全国子供博覧会第二会場門
大正10年

福岡日日新聞主催で大濠にて開催。写真は第二会場だった須崎土手付近。左に日日新聞社屋が見える。

073　**博多築港記念**　昭和6年

074　**博多築港記念大博覧会**　昭和11年

075　**海と船の展覧会**　昭和10年代・福岡玉屋

コラム

図案広告

様々な図案絵葉書

アンティーク絵葉書収集のテーマは人それぞれだが、デザイン性・構図に優れたものを中心に集めるのは共通要素の一つだろう。福岡県関連に絞って図案広告やポスターなど、デザインが優れたもの、面白いものをいくつか並べてみるだけでも、当時のデザイナー（図案家、画工）のセンスや個性に驚かされる。時代に沿って新技法や流行が反映され、一枚一枚が輝いているのだ。

例えば、明治末から大正初期にかけての図案絵葉書は、当時流行したアール・ヌーヴォーの要素を取り入れ、さらにはエンボス加工や金銀刷りなど、印刷技術を駆使したものも多く、いずれも共進会や陸軍演習に絡むものだ。これが大正中期になるとアール・デコ様式の直線的なデザインにとって変わり、エンボス加工などコスト高な表現は影を潜め、年代を追うごとに平面的なデザインが多くなる。

昭和に入ると、その傾向はさらに強まり、イラストを使用したものが増加。世界恐慌や戦争の影が大きくなるにつれ、紙質なども悪くなり粗雑なデザインも目立つが、コストが下がったことで、様々な業種の企業・商店が手軽に絵葉書や印刷した年賀状を作成するなど、裾野は広がっていく。

博覧会や展覧会の絵葉書はポスター図案をそのまま活用したものも多く、それらを並べてみるだけでデザイン資料として今でも十分通用することも、絵葉書の魅力の一つである。

076　**久留米絣**　大正中期・久留米絣同業組合

077　**磯野式深耕犂**　大正中期・磯野七平鋳造所
工場などのあった場所は現在冷泉公園になっている。

078　**アサヒ靴**　昭和10年代・日本足袋

第2章

町並み

福岡・博多・福間・津屋崎・新宮・門司・小倉・八幡・戸畑・若松・芦屋・海老津・大島・中間・行橋・椎田・豊前・後藤寺・山田・飯塚・直方・篠栗・糸島・宇美・大野城・春日・太宰府・筑紫野・朝倉・浮羽・久留米・大牟田・瀬高・大川・船小屋・柳川・八女

古い町並みの多くは、老朽化による建て替え、戦災などで失われ、その面影を知る手段として絵葉書は貴重な史料と言える。その多くは数枚のセットとして売られ、神社や観光名所とともに町並みを写したものが入るのが常である。博多や門司など、早くから都市の繁栄ぶりを「売り」にしていた地域で多種多様な絵葉書が発行されたのはもちろん、県内各地で同様に絵葉書が発行された。町並み絵葉書が多い地域に共通する特徴として、大きな観光資源がないこと、炭鉱や鉱山など産業の発展で繁栄した点なども興味深い。

079　水上公園より東中洲を望む（福岡名所）
昭和5年頃

080
土居町通り（博多名所）
昭和26年頃

土居町・西町

081
博多土居町通り（福岡名所）
大正8年頃
西町から土居町にかけては、古くから銀行や商店が建ち並び、博多のメインストリートとして栄えた。

福岡・博多

多彩な博多の町並み絵葉書

商人の町として繁栄してきた旧博多部は、旧電車通りを中心に数多くの町並み絵葉書が発行された。明治四十三年の市内電車開通を境に、それ以前の絵葉書は西中島橋から東中島橋・博多六町筋に到る江戸以来の旧道沿いが中心、開通以後は電車通り沿いの町並みが中心となる。これらがほぼ同じ構図で時代を追って撮影されていることから、町並みだけでなく、行き交う人々の服装の変化、徒歩や人力車から路面電車・自動車へと移り変わる交通機関を見比べるのもいい。

呉服町

082
呉服町交差点（福岡名所）
大正初期
箱崎方面からの市内電車は、呉服町交差点で、博多駅方面へ向かう路線と天神方面へ向かう貫線とに分岐。交通の要所として栄えた。

083
博多掛町（福岡百景）
大正中期

掛町

084
博多掛町（福岡市）
大正初期
083の左手前は住友銀行博多支店、右手角は高橋時計店。084は同じ通りを別の角度から見た絵葉書。客待ちの人力車が居並ぶ。

085
東中島橋より中島町を望む
明治43年頃

東中島橋付近

086
博多東中島橋通
明治43年頃

東中島橋から博多橋口町方面を望む。左手前は井上清助博多人形店で、その奥には十七銀行（福岡銀行の前身）や石村萬盛堂がある。通り右側には派出所、船津商店などがあった。

中島町

087
中島町（福岡名所）
大正6年頃

東中島橋付近から西中島橋方面を見た構図。遠くに日本生命福岡支店（現・赤煉瓦文化館）が見える。手前左は明治生命福岡支店。この通りには、絵葉書の尾島筑紫堂や博文社書店、金文堂書店などがあった。牛尾商店や児島洋紙店など、現在もビルを構えている商店もある。

088
幾多の大ビルディング聳立する東中洲町（福岡と博多名所）
昭和8年頃

川端町

089
福岡商店街（川端通商店街）
昭和24年頃

復興後の川端通り商店街風景。現在は博多リバレインとなっている。

福助足袋広告塔
090
東中洲附近（福博名勝） 昭和8年頃
東中洲のシンボルだった福助足袋の広告塔は大正12年に建てられたが、昭和9年、西大橋の改修作業の際に撤去。左手奥には映画の友楽館、右手に不二家デパートや玉屋がある。

東中洲電車通り
091
東中洲（福博名所） 大正14年頃

福岡・博多

東中洲・西中洲の電車通り

明治後期から福岡市一の繁華街・歓楽街として栄えた東中洲と、博多と福岡を結ぶ要所として発展した西中洲。双方を結ぶ西大橋から天神橋に続く電車通り沿線は、発展する福岡市の象徴として、明治末から昭和三十年代まで、たびたび絵葉書に登場する。また、中島町から西中島橋を渡り日本生命福岡支店（現・赤煉瓦文化館）のある福岡橋口町にかけての町並み絵葉書も、それに劣らず数多く発行された。橋や町中を行き交う路面電車のデザイン、看板や広告塔も時代とともに変化しているのがよくわかる。

復興した東中洲
092
東中洲
昭和23年頃
戦後復興し、賑わいを取り戻した東中洲電車通り。右手に映画館の大洋映劇があり、その手前には進駐軍と思われる軍人の姿も見える。

093
西中洲（福岡名勝）
大正7年頃

西中洲
094
天神橋附近の景（福岡名勝）
大正7年頃
水上公園はまだなく、旧大同生命の建物が一際目を引く。この時代、市内に数台だったであろう、天神橋を渡る自動車。

西中島橋

095

福岡市街の一部
中島町附近（福岡名所）
大正7年頃

西中島橋と中島町を望む。西中島橋は、城下町・福岡と商都・博多を結ぶ唯一の橋として江戸時代に木橋が架けられ、明治40年の架け替えの際に近代的な橋の体裁を整えた。

旧日本生命福岡支店

096

西中島橋　明治44年頃

設計は東京駅と同じ、唐津出身の辰野金吾博士。明治42年3月、新築落成。現在は赤煉瓦文化館として市民に親しまれている。

097

福岡市全景　明治41年頃

中島町から福岡橋口町を望む。旧日本生命福岡支店はまだない。

天神橋

098

天神橋（福岡百景）
大正初期

西大橋

099

西大橋（福岡）
大正7年頃

東中洲から天神方面を望む。右手奥には商品陳列所（現・毎日会館）が見える。

100
天神町電車交叉点附近（福岡名所）
大正7年頃

天神交差点

101
天神町交叉点附近（福博名所）
大正10年頃
東西に走る福博電気軌道と、博多駅や築港、渡辺通りを経由する環状線・博多電気軌道が交差する天神交差点に九州電灯（後に東邦電力、現・九州電力）本社ビルが出現したのは大正6年。

福岡・博多

天神町界隈の町並み

今や九州一の繁華街となった天神も、大正中期までは静かな官公庁街だった。それ故、絵葉書に残る天神町の町並みも、市役所前通りや県庁前、東邦電力本社があった天神交差点付近などに限られる。大正後期から昭和にかけて九州鉄道（現・西日本鉄道）福岡駅やデパートの開業が相次ぎ、さらに福岡日日新聞や九州日報社（ともに西日本新聞社の前身）、JOLK福岡放送局（NHK）などの企業集積で都市化が進む。

それに伴い町の魅力も増し、町並み絵葉書も種類が増え、撮影エリアが拡大していった。

102
天神町交叉点（福博名所）
昭和11年頃
渡辺通りから松屋（現・マツヤレディス）を望む。交差点角、東邦電力前に「博多築港博覧会／松屋百貨店」の看板が建つ。

103
岩田屋百貨店　昭和12年頃
開店間もない岩田屋百貨店を松屋方面から望む。

104
天神町附近（福博名勝） 昭和12年頃
岩田屋から渡辺通りを望む。左手には建ち並ぶ因幡町商店街、右手前に福岡駅、遠方には福岡日日新聞本社や県立図書館が見える。

二代目市庁舎と警察署

106

市庁舎及警察署（福博名所） 大正13年頃

現在地に新築落成したばかりの二代目市庁舎。奥に見えるのは警察署。

初代市庁舎と県庁舎

105

福岡県庁前　明治44年頃

右手は初代県庁舎。水鏡天満宮横にあった初代市庁舎が奥に見える。

福岡県庁

107

福岡県庁（福博名所） 大正12年頃

大正4年2月に新築落成した福岡県庁正門。

108

県庁の前（福岡百景）

大正6年頃

電車通り（明治通り、現・アクロス福岡前）の風景。

109

商舗櫛比して交通頻繁を極むる天神町の街観

昭和12年頃（**福岡と博多名所**）

東邦電力本社ビルより明治通りを望む。カフェや売店が建ち並ぶ交差点付近。右手奥に鐘紡工場（現・キャナルシティ博多）も見える。

110

街の遠望と天神町通のプロフィル

昭和12年頃（**福岡と博多名所**）

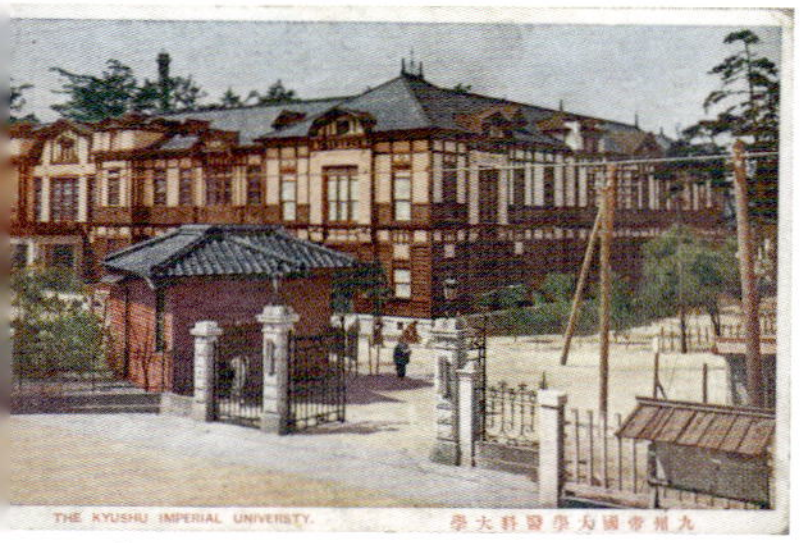

111
九州帝国大学医科大学
大正4年頃

馬出・九大病院

112
医科大学前通り（福岡百景）
明治43年頃
明治36年に京都帝国大学福岡医科大学として開設され、同44年に九州帝国大学となった。写真は医科大学時代の大学前通りの光景。

福岡・博多

千代の松原と東公園

筑紫郡千代町が福岡市に編入されたのは昭和三年だが、東公園や九州帝国大学を有し、福岡市の影響を受けながら町を形成してきた。古くから千代の松原と呼ばれ、白砂青松の美しい海岸だったこの地に東公園が開園したのは明治九年。明治三十三年には県営となり、風光明媚な福岡の象徴として、多くの絵葉書に含まれる名所だ。明治三十七年には、今も残る日蓮上人と亀山上皇の二つの銅像が完成した。

箱崎九大付近

113
九州帝国大学全景
昭和5年頃

114
箱崎八幡宮境内より汐井道を望む
大正5年頃（福岡百景）

箱崎浜

115
箱崎浜の潮湯　抱洋閣（福岡百景）
大正3年頃
明治43年の第13回九州沖縄八県連合共進会の迎賓館として建設。設計は東京駅や日本生命福岡支店（現・赤煉瓦文化館）を設計した辰野金吾博士。

116
営門前の電車（福岡名所）
明治44年頃

大手門付近

117
福岡神学校寄宿舎　明治42年頃

明治41年、現在の中央区大名１丁目に建てられた福岡神学校は、西南学院大学の前身。手前の蓮池は福岡城の内堀で、今は埋め立てられ姿を消した。

西公園と大濠公園

西公園の開園は明治十四年、当時は荒津山公園と言い、古くから桜の名所として親しまれた。市内電車の沿線にあり、福岡城跡の舞鶴公園、昭和四年開園の大濠公園などとともに、たびたび博覧会の会場としても活用され、緑豊かな名所として、イベント会場として、数多くの絵葉書に登場する。

118　**西公園の桜花（福岡名所）**　大正5年頃

119
福岡西公園の正面
大正6年頃

120
福岡学園よりの眺望
昭和5年頃
福岡市鳥飼（別府交差点付近）にあった福岡学園付近の様子。

福間駅前の賑わい
121
福間町駅前広場（筑前名所）
大正10年頃
宮地嶽神社への下車駅として賑わう。津屋崎軌道の馬車鉄道の姿も見える。

福間
津屋崎
新宮

宮地嶽神社と津屋崎海岸

宮地嶽神社への参拝駅として国鉄（現・JR九州）福間駅が開業したのは明治二十三年。福間駅前は出桁造りの商家が立ち、津屋崎軌道（後、博多湾鉄道汽船に継承）の馬車鉄道が発着していた。江戸時代から塩田と漁業で栄え、風光明媚な津屋崎海岸を有する津屋崎町は、観光客や海水浴客で賑わい、この地域には明治期から数多くの絵葉書が残されている。

122
津屋崎町入口（津屋崎名所）
大正7年頃
海岸沿いの松林を抜ける自動車。馬車鉄道の軌道も見える。

123
九州帝国大学医科大学臨海実験所（福岡津屋崎）
大正8年頃

124
津屋崎町全景
大正5年頃

125
宮地嶽神社鐘堂より高倉全景を望む
大正10年頃

宮地嶽神社

126
宮地嶽神社参道（筑前名所）
大正8年頃

127
津屋崎橋及渡区の遠望
大正10年頃

128
筑前宮地嶽神社前　馬鉄停車場
大正5年頃

129
新宮　荒木医院
大正5年頃

130
二見街道（筑前新宮名勝）
大正7年頃
風光明媚な筑前新宮二見海岸の景色。

131
交通繁華なる桟橋通り（門司名所）
昭和14年

桟橋通り

132
桟橋通り（門司名所）
大正6年頃
海陸の要衝として最盛期の桟橋通り。大勢の人々が行き交う。

133
門司市の繁華街
昭和15年

交通の要衝・門司の町並み

門司

本州・下関と向き合い関門海峡を有する門司は、古くから交通の要衝として栄えた。明治二十二年に門司港が特別輸出港に指定されてからは、戦前まで国内有数の外国貿易の拠点として、大陸航路や欧州航路の要衝として発展してきた。明治から大正にかけての町の賑わいは相当なもので、残された絵葉書に当時の隆盛ぶりが反映され、その数も福岡・博多に匹敵する多さだ。観光地・門司港レトロが脚光を浴びる現在も、当時の姿そのままの建物が多く、町の様子を比較するのも楽しい。

134
門司　日本銀行支店
大正5年頃

東本町

135
門司東本町通
明治44年頃
電車通りの様子。近くには馬場遊郭があった。

栄町商店街
136
栄町通り（門司）
昭和8年
賑わいを見せる昭和初期の門司栄町商店街。

門司駅（門司港駅）
137
門司駅（門司名所）
昭和4年頃
昭和初期の門司駅前風景。客待ちの人力車は消え、タクシーに変わる。

門司税関
138
新装整備の門司税関（門司名所）
昭和11年
門司税関合同庁舎は昭和2年落成。現在の庁舎は昭和54年完成。

139
鎮西橋より西本町通りを望む（門司名所）
昭和2年頃

西本町
140
門司西本町通り
明治39年頃
明治44年開業の路面電車線路はまだない。

魚町
141
魚町商店街通り（小倉名勝）
昭和14年

大阪町電車通り
142
大坂町筋　昭和12年
商店街が発達し賑わう電車通り沿い。遠くに開店したばかりの井筒屋が見える。

小倉

城下町から商都へ

「九州の喉元」と言われる小倉は、小笠原氏の城下町として栄え、明治に入ってからも豊後（大分）や筑前に通じる交通の要所として発展。明治三十九年には京町、魚町を中心として「えびす市」が開かれるようになり、大正期以後は商都として大きく飛躍する。デパート形態の商店も早くから現れ、大正五年の兵庫屋、同九年のかねやす呉服店などが続き、昭和十年代には井筒屋（昭和十一年開店）や玉屋（昭和十二年開店、当時は菊屋）と三店がひしめく。絵葉書は路面電車沿線の町並みが数多く残されている。

紫川河畔
143　**紫川畔常盤橋**
昭和14年（小倉名勝）
長崎街道の拠点としても知られる常盤橋は、当時小倉駅のあった室町と京町、魚町などを結び、小倉のシンボル的存在だった。

市役所
144
小倉市役所（小倉名勝）
昭和初期

宝町
145
宝町記念病院（小倉）
昭和10年

146
小倉駅前通り
昭和12年

室町

147
室町通り（小倉名所）
大正8年頃

初代小倉駅（現在の西小倉駅付近）を中心に、商店街が広がっていた。

148
室町通り　常盤橋（小倉名所）
大正7年頃

常盤橋の広告塔

149
常盤橋（小倉名勝）
昭和初期

森鷗外の小説『独身』にも登場する常盤橋の名物広告塔が見える。

150
紫川口九鉄線鉄橋附近の景（小倉）
大正10年頃

勝山橋

151
勝山橋通り（小倉名勝）
大正8年頃

勝山橋電車通りの景。左奥は現在リバーウォーク北九州がある室町1丁目。

152
鉄都八幡市　西本町
昭和10年頃

八幡西本町

153
西本町の光景（鉄都八幡名勝）
昭和3年

賑わいを見せる西本町商店街。右には絵葉書の発行元・尚美堂書店が見える。

八幡

鉄都・八幡の町並み

明治三十四年に操業を始めた八幡製鉄所を中心に、大正から昭和にかけて大きく発展した八幡の町並み絵葉書は、意外に数多く残されている。製鉄所があることから、戦時以外でも検閲は厳しかったと思われるが、黒煙が立ちのぼる製鉄所の煙突をバックに、庶民の生き生きとした生活風景を垣間見ることができる。

写されている建物や町並みの多くは戦災で消滅し、残された絵葉書に貴重な映像が多いのは八幡も同じ。現在の町並みにその軌跡を辿るのは困難になりつつある。

八幡市役所

154
市役所全景（鉄都八幡市）
昭和10年頃

八幡製鉄所

155
製鉄所東門附近（鉄都八幡名勝）
昭和10年頃

156
製鉄所全景
昭和3年頃

中央町電車通り

157
中央区電車通り
（筑前八幡）
大正5年頃

中央町商店街遠望。現在、都市高速の橋桁が通り、景観は一変した。

158
大谷太鼓橋（鉄都八幡市）
昭和10年頃

八幡中央町

159
八幡中央区停車場
明治45年

中央町停車場付近を行く、開通したばかりの路面電車。開業１周年記念絵葉書。

160
製鉄所幼年職工養成所（筑前八幡）
大正初期

枝光白川町

161
白川町より義士公園を望む
（筑前八幡名所）
大正初期

162
戸畑港石炭積込場
昭和25年頃
洞海湾側の牧山海岸は、対岸の若松港と並び石炭積み出し基地だった。

戸畑
163
工業地戸畑（九州若松百景）
大正8年頃

戸畑・若松

工業都市戸畑・若松の町並み

ともに工業都市として発展してきた戸畑と若松。明治二十一年に設立された若松築港が、洞海湾を挟み戸畑・若松両岸に大規模な港を建設。同二十四年には筑豊興業鉄道が若松–直方間を開通させて、若松は筑豊地方の石炭積出港となる。戸畑については戦前の町並み絵葉書は少ないが、若松は様々なシリーズが発行されている。

戸畑官庁街
164
中央官庁街より金比羅公園を眺む
昭和25年頃
昭和8年、現在地に建てられた戸畑市役所を望む。

市街地全景
165
戸畑市南西部より都心を望む
昭和25年頃

『万葉集』にも歌われた名古屋海岸も、大正6年の東洋製鉄工場設立以後、名古屋岬の両側から急速に埋め立てが進み、工業地帯となる。昭和10年代に火力発電所ができ、中原の六本煙突として市民に親しまれた。

166
若松市庁舎
大正8年頃

若松本町通り

167
若松本町通り
大正4年頃

大正3年、市制施行。若松本町通りはすでに商店街として賑わっている。

168
若松駅停車場（九州若松百景）
大正10年頃

大正9年に新築移転したばかりの若松駅。明治24年、筑豊興業鉄道（現在の筑豊本線）の開業とともに開設。

若松海岸通り

169
若松市南海岸通　大正9年頃

手前左が石炭会館、中央の円形塔は大正7年新築の旧・古川鉱業若松営業所の赤煉瓦ビル。

若戸大橋

170
高塔山より若戸大橋を望む
昭和38年頃

昭和37年9月完成の若戸大橋は、当時東洋一の規模だった。

若松市街全景

171
全景（九州若松百景）
大正4年頃

172
芦屋橋（筑前芦屋）
大正10年頃

芦屋町

173
山鹿より望みたる
落成後の芦屋橋全景
大正5年頃

遠賀川を挟んで、山鹿と芦屋を結ぶ芦屋橋は、昔の映画のワンシーンにも登場した名橋だった。

芦屋
海老津
大島
中間

175
大島灯台　初点灯
大正15年11月10日

174
海老津停車場と新道（海老津駅遠景）
大正5年頃

176
大正鉱業　中鶴記念館（中間町）
昭和14年

中間町

177
大正鉱業中鶴第一坑　労務者社宅
昭和14年

明治39年、伊藤伝右衛門が中鶴に開坑した、筑豊屈指の炭鉱。最盛期の昭和10年には年間50万トンを採掘し、中間町発展の原動力だった。

178
万年橋と警察署（行橋名勝）
大正14年頃

行橋駅前

179
行橋駅前通り
昭和10年頃

耕地整理が終わった大正後期から、行事本町や魚町に商店が建ち始める。海水浴場行きバスの看板も見える。

豊前簑島

180　**簑嶋橋**
昭和7年頃

簑島は今川河口の沖合に浮かぶ島だったが、昭和29年に干拓が完成して陸続きとなった。

椎田

181
豊前椎田浦海岸浜の宮　満松亭
昭和2年頃

菅原道真を祀る綱敷天満宮そばの海岸にあった満松亭。浜宮海岸は今も貝掘り客などで賑わう。

豊前 椎田 行橋

182
求菩提山　中宮拝殿
大正10年頃

豊前

183
黒土村信用組合
昭和2年

現・JAの倉庫の場所にあった信用組合。左側のレールは、昭和11年に廃止された宇島鉄道のもの。すぐ横に黒土駅があった。

後藤寺・山田

筑豊の町並みに見る活力

遠賀川流域に広がる筑豊の主産業は石炭とセメント。明治期になると各地で大規模な採掘が始まり、筑豊全体に労働者が集い町が形成され、輸送・交通機関として網目のような鉄道網が張り巡らされた。炭鉱などの施設を紹介した絵葉書に加え、町並みの絵葉書も各町で作られ、炭鉱みやげとして広まった。そこに収められた光景には、発展する町と活き活きとした人々の表情が残され、懐かしさと郷愁を誘う。

184
後藤寺大黒町通
昭和10年頃

後藤寺

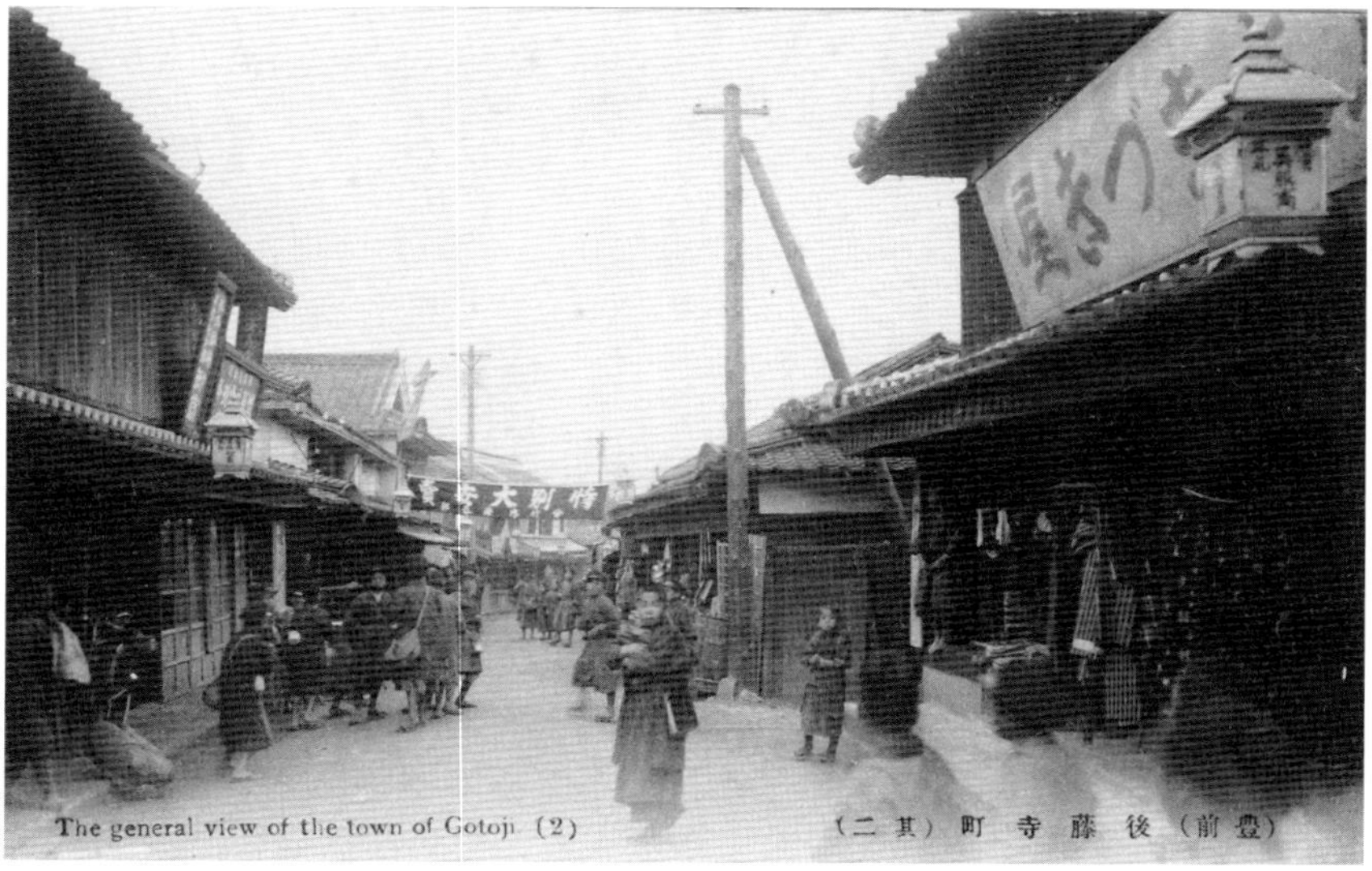

185
後藤寺町（豊前）
明治44年頃
特別大安売りの横断幕が通り中央に見える。着物姿の子供たちが珍しそうに写真機を見ている。

186
後藤寺本町（豊前後藤寺）
大正4年頃
店頭には仁丹などの看板がかけられ、軒先には四角灯が掲げられている。

上山田

188
嘉穂郡熊田町上山田の一部
大正15年頃
人々の服装や町並みが懐かしい、昭和30年代まではどこにでもあった風景。左には菓子店の看板も見える。

山田

187
山田町杉町通り
昭和5年頃
山田市の中心部。わたや呉服店、橋本時計店の看板が見える。

189
穂波川橋（飯塚名所）
昭和3年頃

190
飯塚白水橋（筑前）
明治45年頃

飯塚川にかかる石橋の白水橋。大正から昭和にかけての段階的な埋め立てで姿を消した。橋の先は上本町。

飯塚・直方

飯塚昭和通り

191
昭和通り（炭都飯塚）
昭和10年頃

昭和8年、市内中心部を南北に貫通する県道・飯塚－久留米線の市内部分が完成。昭和通りと名付けられ、商店が建ち並んだ。

192
直方川　石炭舟の走舟（炭鉱みやげ）
明治40年頃

直方

193
古町（直方名所）　明治40年頃

筑豊炭田の中心・直方は、明治期には石炭を運び出す帆掛け舟で賑わった。明治24年に筑豊興業鉄道（現在の筑豊本線）が開通すると、輸送は鉄道が主力となり帆掛け舟は衰退した。

194
二瀬橋より七曲を望む
大正10年頃（筑前篠栗四国）

篠栗町

195
篠栗新吉野の桜花　大正5年頃

県下一の霊場・篠栗四国は今も昔も大勢の参拝客で賑わう。八木山へ抜ける桜の名所を和歌山の吉野に見たて新吉野と称し、大勢の花見客が訪れた。

篠栗 糸島

糸島

196
筑前芥屋漁港より大門山を見たる景
大正4年頃

芥屋大門参拝記念の絵葉書シリーズの1枚。

197
芥屋若松屋旅館（筑前）
大正10年頃

198
芥屋大門渡海案内所　玄洋館前面
大正7年頃

199
宇美八幡宮
一の鳥居と宇美橋（筑前）
昭和初期

宇美八幡宮

200
宇美八幡宮正面（筑前）
大正10年頃

宇美 大野城 春日

春日原

201
花の名所春日原（野球場前通り）
昭和10年頃（**春日原名所**）

大正末、九州鉄道（現・西鉄天神大牟田線）春日原駅近くに野球場や野外球技場が完成。郊外レクリエーション場として賑わった。昭和16年には小倉造兵廠春日原分廠が設置され、一帯は軍事工場となる。戦後は米軍に接収されていたが、昭和55年に春日公園となる。

水城

202
都府楼防護の水城大堤
大正7年頃

203
郊野の早春
大正初期
御笠川流域、御笠地区の風景。

太宰府・筑紫野

204　天満宮　銅鳥居　昭和10年頃

太宰府天満宮参道

205
筑前太宰府天満宮銅鳥居
大正4年頃

参拝客で賑わう参道沿いは古くから門前町として発展。両側に商店が建ち並び人待ちの人力車が並んだ。時代とともに人力車はタクシーとなる。正面の銅(かね)鳥居は戦時下の金属回収で昭和18年に姿を消した。鳥居の右手は太宰府駅。

207
筑紫観世音寺講堂
大正8年頃
国宝の梵鐘がまだ講堂横にある。

208
武蔵寺境内（筑前）
大正5年頃

二日市温泉

206　**武蔵温泉と天拝山（筑前）**
大正7年頃

古くは吹田の湯と呼ばれ、千年以上の歴史を持つ。戦前は湯ノ原、湯町とも呼ばれ、昭和25年に二日市温泉と改称。

209
武蔵温泉湯町の景（筑前）
大正7年頃

湯町

210
湯の香快い武蔵温泉
昭和12頃（**観光の筑紫路**）

昭和7年の水害で名物・鷺田川の川湯は流される。その後、川を地下に埋めて路面を舗装した。

211　**浮羽郡役所**　大正初期

吉井町

212
吉井本町全景（浮羽郡名所）
大正10年頃

吉井町の中心街を走る軽便鉄道は、明治36年に開業、昭和3年の、平行する九大本線の久留米－筑後吉井間の開通により、翌昭和4年廃止される。沿線の町家の佇まいは、現在も数多く残る。

朝倉・浮羽

朝倉市街

213
金比羅山上より見たる全景
大正4年頃

福岡県立朝倉中学校の絵葉書より。中学校をはじめ朝倉町全体を遠望。

214
甘木絞木綿晒場（筑前甘木名所）
大正10年頃

小石原

215
朝倉郡小石原町本通
大正12年頃

216
久留米市庁舎
昭和4年頃

市役所

217
久留米市役所
明治44年頃
明治22年市制施行時の初代市役所。昭和4年に鉄筋コンクリート造りの市庁舎が城南町に完成。

久留米

産業の町・久留米の町並み

久留米藩の城下町として栄えた久留米市は、明治三十年に陸軍歩兵第四十八連隊が置かれ、軍都として発展。久留米絣に代表される産業は、第一次世界大戦後の不況下で日本足袋（アサヒ靴）、つちやたび（月星化成）などが地下足袋やゴム靴の生産を競い成長し、県下でも有数の工業地帯へと発展した。絵葉書の発行も盛んで、菊竹金文堂をはじめとする書店や絵葉書メーカーが競ってシリーズ絵葉書を発行。水天宮や高良大社などの参拝記念絵葉書も多い。

市街地全景

218
久留米市街
昭和4年頃

219
久留米偕行社　大正初期

久留米停車場

220
久留米停車場前の奉迎光景
明治44年
久留米市を中心に開催された陸軍特別大演習統監のため、明治天皇が11月10日に久留米駅に到着。市民あげての歓迎の様子。

電車通り

221
第一銀行屋上より見たる電車通（久留米名勝）
明治44年頃

222
十二師団司令部（久留米名勝）
昭和初期

米屋町通り

223
米屋町通り（久留米市街）
明治44年頃
商店ののぼりが立ち並ぶ米屋町通りの光景。

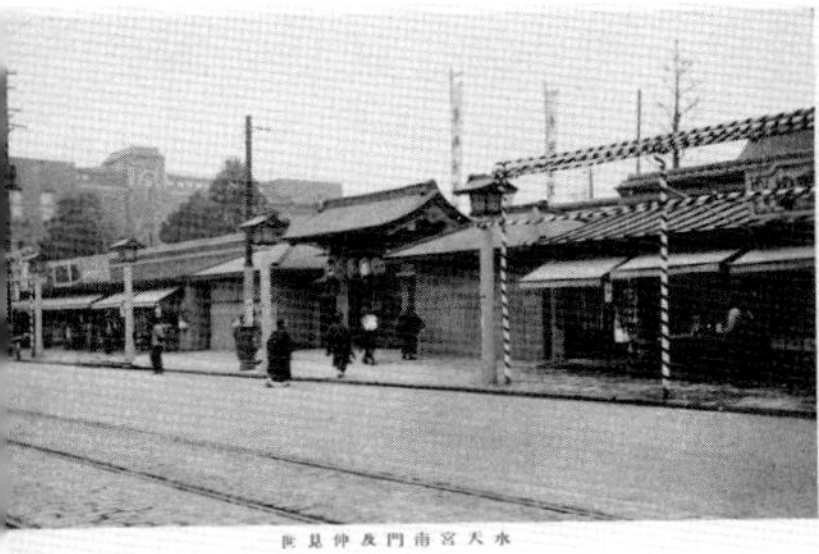

224
水天宮南門及仲見世
大正14年頃

水天宮

225
水天宮仲見世
大正14年頃
久留米市瀬下町にある旧県社・水天宮仲見世の賑わい風景。

226
大牟田市
大正7年頃

電車通り

227
有明町本通（三池名勝）
昭和10年頃
大牟田市内に路面電車が走り出したのは昭和2年。旭町－四山町間を走った。昭和27年廃止。

大牟田 瀬高

炭鉱と化学工業の町

明治以後、石炭とともに発展した大牟田は、大正期に入ると染料工業や電気化学、亜鉛精錬などの石炭コンビナートを形成。昭和初期には東洋一の規模を誇り繁栄した。それは発行された絵葉書の数や種類にも現れており、県内では数少ない明治期の手彩色絵葉書（一枚ずつ彩色した絵葉書）も豊富に残されている。昭和に入ると市の南北を結ぶ路面電車も開通し、化学工業がもたらす恩恵によって、戦前の大牟田市は空前の好景気に沸いた。

228
笹林公園より公会堂、電話局附近を望む（三池名勝）
昭和10年頃

229
瀬高町駅（瀬高町名所）
昭和5年頃

瀬高町

230
繁華街通り（瀬高町名所）
昭和5年頃
明治34年、上瀬高町と下瀬高町が合併し瀬高町が発足する。昭和初期の中心地の町並み絵葉書。

三川町
231
大牟田市三川町通り（三池）
明治40年頃

市南部、三池港や四ツ山坑を要する。昭和15年には三川坑が開坑し、石炭積み出し港の町として発展。

232
大牟田市三川町四つ角（三池）
明治40年頃

233
三池窒素アンモニア合成工場全景
昭和初期

234
大牟田市諏訪橋（三池）
明治40年頃

235
三井三池萬田坑
大正初期

大牟田駅前
236
大牟田市駅前（三池）
明治40年頃

明治24年開設。戦前の駅舎は昭和20年の空襲で全焼した。

237
大川町役場
大正初期
大川四郡品評会記念の絵葉書。

大川

238
大川町弥生町
大正7年頃
立ち並ぶ町家の中には、つちやたびの看板も見える。

大川・船小屋

239
国鉄筑後川可動式鉄橋
昭和30年頃
佐賀線・諸富–若津駅間に昭和10年完成の昇開式可動橋。わが国初の可動橋で、廃線後も大川のシンボルとして残る。

240　**秩父宮殿下献上井**　昭和初期

船小屋

241
船小屋温泉　雀地獄（矢部川公園）
昭和25年頃

242
雪景（船小屋名勝）
昭和25年頃

243
柳河警察署本館
昭和10年頃

244
新装せる柳河町
昭和初期

柳川・八女

柳川

245
柳河第一の高層配水塔及び辻門橋
昭和8年頃
市内に張り巡らされた掘割に沿って、いくつもの配水塔が配置された柳川独特の町並み。

246
鶴の橋入口真景（筑後日向神十景）
大正5年頃

247
星野川と北川内公園
昭和8年頃
八女郡北川内公園にかかる眼鏡橋。

249　**水天宮梅林寺篠山城址図絵**
「九州観光の中心地久留米」
昭和10年・久留米市観光協会

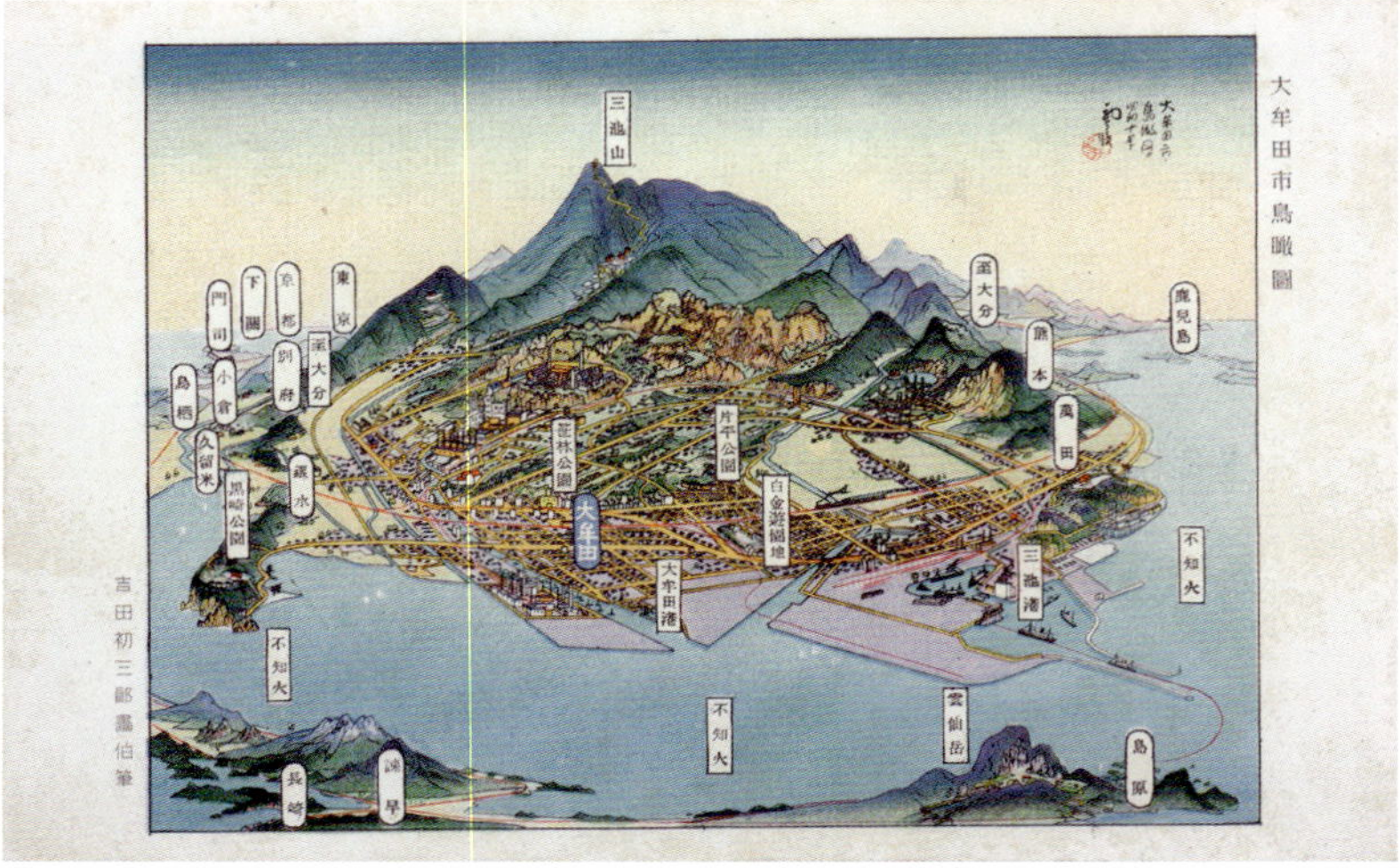

248　**大牟田市鳥瞰図**　昭和10年・大牟田市役所（昭和11年市庁舎竣工記念）

コラム

観光ブーム

吉田初三郎（明治十七年－昭和三十年）

観光鳥瞰図絵の第一人者

大正から昭和の観光案内や絵葉書を語る時、観光鳥瞰図というジャンルを確立した絵師・吉田初三郎を抜きにはできない。国内で二千点近くの鳥瞰図作品を残し、福岡県内に限定しても福岡市や久留米市、大牟田市、飯塚市、直方市など当時市制を敷いていた市全ての都市鳥瞰図及び観光絵葉書を描き残しているからだ。

初三郎の鮮やかな色彩の多色刷り作品は、鉄道網の発達に伴う観光ブームに乗り大流行し、「大正広重」と呼ばれた。江戸時代より続く伝統の日本的鳥瞰図技法を踏襲し、鉄道網など交通機関を中心に観光地を紹介するという旅行案内の定石を築き、「観光」という言葉を一般に広めたことは、自身の会社に「観光社」と命名し、「ＫＷＡＮＫＯ」「観光春秋」などのＰＲ誌（観光業界紙）を日本で最初に発行したことでも伝わる。

初三郎はまた、図絵製作のために対象地を踏破・写生する中で、地元の人々が気づかない観光スポットを発掘する天才でもあった。小倉の「小文字焼き」で著名な小文字山は初三郎の命名。同じく大分久住飯田高原の長者原や湯布院を別府観光の祖・油屋熊八（亀の井ホテル創業者）とともに売り出したりと、プロデューサーとしても一流だった。福岡市や北九州市の博物館をはじめ、県内には初三郎の肉筆原画を所蔵する施設や企業、神社が数多く存在することでもその功績は伝わる。

251

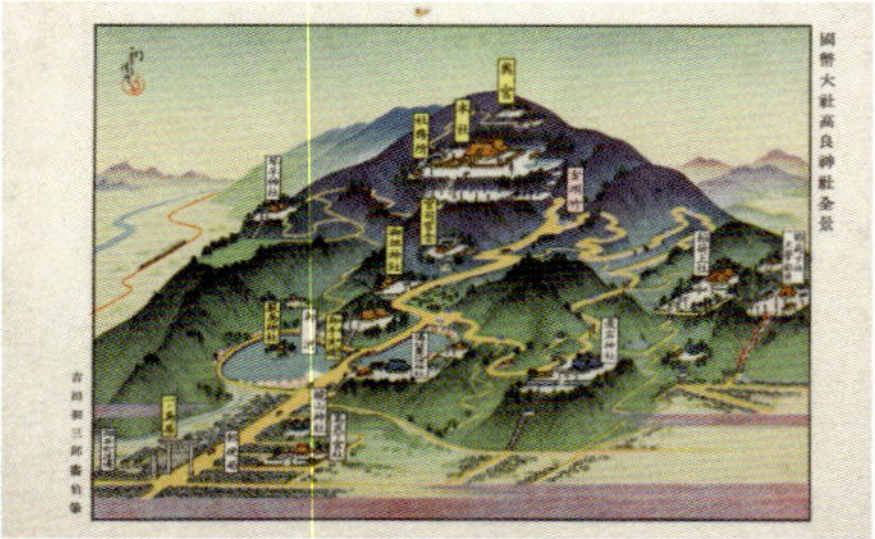

250

253

252

250
国幣大社高良神社全景
昭和10年頃・高良大社

251
小倉到津遊園全景
昭和13年・九州電気軌道

252
みなと（博多港）
昭和10年・博多商工会議所

253
博多小女郎
昭和10年・博多商工会議所

第3章

交通

人力車・馬車鉄道・駅舎・鉄道風景・路面電車・自動車・飛行機・船・港

■絵葉書の中に残された蒸気機関車や路面電車の風景は、鉄道ファンならずとも興味を引かれる。時代の先端が収められた絵葉書は、テレビやラジオも、今のような観光情報誌もない時代に、映像としてその存在を知ることができ、庶民の憧れの対象となった。■この章では、今では見ることのできない鉄道や路面電車、建て替わったり廃止された駅舎や港、空港などの交通機関が写された絵葉書を紹介する。■

254　**千代の松原の景（福岡名所）** 大正10年
鉄道50周年の記念印が押された絵葉書。
九大農学部のある地蔵松原付近の光景。

256

257

255

258

人力車

255 福岡県庁前 明治44年頃
256 博多ステーション 明治45年頃
257 箱崎八幡の大鳥居 大正3年頃
258 福岡東中島橋 明治44年頃

各地で見られた人力車風景。明治から大正後期まで、駅前や町中で客待ちをする人力車は日常の光景だった。

人力車
馬車鉄道

明治三年は交通機関元年

明治三年、東京日本橋に登場した人力車は、旧福岡藩士の和泉要助らが開発。馬の代わりに人力を応用できないかと、試行錯誤を繰り返し完成したものだが、またたく間に全国へ広まり、日本が進出した外地にまで普及した。同じ明治三年には自転車や乗合馬車も登場、人力車とともに自動車が登場するまで主要な軽交通機関として市民に親しまれた。馬車鉄道は、乗合馬車を改良し架設したレールの上を走るもので、安価で設置できる交通機関として、福岡県内各地でも大正中期まで市民の足として利用された。

馬車鉄道

259
宮地嶽神社前常盤町
大正初期

明治41年から42年にかけて津屋崎軌道が福間－津屋崎間で開通。後に博多湾鉄道汽船と合併し、宮地岳駅前まで伸延するも、昭和14年に全線廃止。宮地嶽神社への参拝馬車鉄道として親しまれ、海岸沿いの松林をゆったり走る馬鉄は、この時代の風物だった。

県内の馬車鉄道

明治30年代、県内には津屋崎軌道のほかにも、田主丸や吉井を走っていた筑後馬車鉄道（明治36年の開業から38年まで馬車鉄道）、二日市－太宰府間に菅原道真西遷１千年を記念し開通した太宰府軌道（明治35年）、小倉香春口－北方間に完成した小倉軌道（明治39年城野まで、40年に全線開通）などがあった。

261

262

260

門司駅

260　**門司停車場（初代）**　明治44年頃
261、262　**門司停車場（2代目）**　大正３年
初代駅舎は明治24年開業。乗降客の激増に伴い大正3年に現在の駅舎が完成。2代目駅舎の2枚は、新駅舎落成直前に発行された記念絵葉書。

駅舎

鉄道網の発達と都市の発展

明治二十二年に九州鉄道（現・JR九州）が博多－千歳川仮駅（筑後川河畔）間に開通して県内の鉄道史が始まる。地元に加え東京の資本も入り交じり、競うように各社が県内鉄道網を伸延、全国でも有数の鉄道路線網が完成。中でも数多くの炭坑を要する筑豊地区には路線が集中し、複雑な資本や利権も手伝い競争が激化した。明治四十年の九州鉄道の国有化以降、幾多の合理化や廃止を経て残っている鉄道路線距離は、最盛期の三分の一程度。鉄道は発展する都市の象徴として、セット絵葉書には必ずと言っていいほど収められた。

八幡駅

263
八幡本町通り
大正初期

八幡製鉄所の開業に合わせ、明治35年12月に開設。初代駅舎は、現在地よりも１kmほど東寄りにあった。

264　**小倉駅（２代目）**　昭和35年頃

小倉駅

265　**停車場　本線（小倉名勝）**
大正初期
初代小倉駅は現在の西小倉駅の紫川寄りにあった。

博多駅

266　**博多停車場（福岡名所）**
大正11年頃
明治42年に建て替えられた2代目博多駅は、西日本随一の煉瓦造りネオ・ルネサンス様式の駅舎だった。昭和38年、現在地に民衆駅が建設され、取り壊された。

267　**停車場プラットホーム**
明治42年
2代目駅舎開業記念絵葉書。

直方駅

268　**直方停車場（直方名勝）**
明治45年頃
明治24年開設。写真は2代目駅舎で、初代博多駅を解体した木材などを活用して完成。

伊田駅

270　**伊田停車場**
大正5年頃
明治28年開設。田川の東の玄関口、石炭集積駅として栄えた。

福間駅

269　**福間駅（筑前名所）**
大正8年頃
明治23年開設。宮地嶽神社の参拝駅として駅周辺は発展した。

私鉄久留米駅

271　**急行電車停車場（久留米名勝）**
昭和2年頃
大正13年4月、九州鉄道（現・西日本鉄道天神大牟田線）の駅として開設。

久留米駅

272　**久留米停車場の正面**　大正8年頃
明治22年、九州鉄道（現・JR鹿児島本線）の駅として開設。写真は明治44年に改築された駅舎。

後藤寺駅

273　**後藤寺停車場（豊前後藤寺）**
大正8年頃
明治29年、豊州鉄道時代に開設。石炭の搬出駅、分岐駅として栄えた。

篠栗駅

274　**篠栗停車場（篠栗名所）**
大正7年頃
明治37年開設。長く終着駅だったが、昭和43年に桂川側とつながった。

金田駅

275　**九州線金田停車場の全景**
大正5年頃 **（豊前国金田附近名勝）**
明治39年、三井セメントの開業とともに開設。専用線からの貨物積み出し駅として栄えた。

大牟田駅

276　**大牟田停車場**
大正8年頃
明治24年開設。三井グループ各工場への専用線の中継駅だった。

277　**箱崎の浜**　大正8年頃
箱崎海岸を走る博多湾鉄道（のちの西鉄貝塚線）の汽車。千鳥橋にあった新博多駅から箱崎宮にかけての線路跡の多くは緑道として残っている。

松原を駆け抜ける
278　**千代松原汽車進行（福岡名勝）**
大正8年頃
箱崎地蔵松原付近を走る蒸気機関車。

鉄道風景

郷愁誘う懐かしの鉄道風景

鉄道ファンならずとも、白い煙を豪快に出しながら走る蒸気機関車の雄姿には胸が高まるのではないだろうか。戦後まで存続した路線から戦前に姿を消した軽便鉄道まで、古き良き時代の空気を感じることができるのが鉄道風景。絵葉書コレクションの人気ジャンルの一つでもあり、アンティーク絵葉書に興味を持つきっかけになった人も多い。セットで発行されていた絵葉書の中に、鉄道絵葉書があった時の喜びは、格別なのだ。

鉄橋を渡る
279　**筑前多々羅川の鉄橋（名島名勝）**
大正5年頃
福岡市の東、多々良川に架かる鉄橋を渡る、当時の九州鉄道（現・JR九州鹿児島本線）の機関車。

海岸線を走る
280　**北九州鉄道沿線長垂海岸より生の松原の遠景**
昭和2年頃

281　**長垂海岸（筑紫名勝）**
昭和2年頃
大正14年4月に開業した北九州鉄道沿線・長垂海岸を走る機関車。翌年には東唐津まで伸延、後に国有化され筑肥線となる。

市街地を走る

282　**軌道停車場（柳河風景）**

大正15年頃

鹿児島本線の瀬高駅と柳川を結ぶ軽便鉄道・柳川軌道の開通は明治44年。佐賀線・筑後柳川－矢部川（瀬高）間の開通後、昭和7年に廃止された。

山肌を抜ける

284　**門司市外赤坂延命寺**

大正6年頃

門司赤坂海岸、手向山の麓を走る蒸気機関車が見える。

軽便鉄道

283　**後藤寺中元寺川　送炭車の景**

昭和5年頃

遠賀川の支流・中元寺川を渡る石炭輸送車。

機関庫

285　**九州電車開通式記念**

明治44年

九州電気軌道（西鉄の前身）の門司－大蔵間開通記念絵葉書。機関庫内には出番を待つ真新しい電車が並ぶ。明治44年6月開通。

286
千代の松原（福岡市）
明治45年頃
東公園入口付近を走る路面電車。

287
博多軌道電車那珂川の鉄橋（福岡百景）
明治44年頃
博多電気軌道は明治44年10月から11月にかけて博多駅前－天神町－築港－千代町間（循環線）を開通させた。写真は柳橋の専用軌道を渡る風景。

路面電車

路面電車のある風景

県下から消えた交通機関の一つが路面電車（市内電車）だ。明治四十三年、福博電気軌道が福岡市内（大学前－西公園前と呉服町－博多駅前）に開通させたのを皮切りに、翌四十四年には北九州で九州電気軌道（門司－大蔵間）が開業。両市内の市街地絵葉書には、必ずと言っていいほど路面電車が写るようになり、市民の足として戦後も長く活躍した。遅れて大牟田でも昭和二年に路面電車（旭町－四山町間、昭和二十七年廃止）が走った。

288
福博電車箱崎終点（福岡百景）
明治44年頃
明治43年8月、福博電気軌道の路面電車が箱崎まで乗り入れ開始。以後、大正10年6月5日に工科大学前に伸延するまで箱崎が終点だった。

289
博多呉服町（福博名勝）
昭和5年頃

290
呉服町通り（福岡名所）
大正4年頃
呉服町は福博電気軌道の、博多駅前へ向かう路線と天神方向へ向かう貫線との分岐点だった。

291
天神町（福岡名所）
大正3年頃
天神町交差点付近を走る電車（貫線）。

292
博多中橋（福博名所）
大正3年頃
博多川にかかる博多大橋（旧・中大橋）を渡る電車風景。

294
延命寺停留所（小倉名所）
大正5年頃
門司と小倉の境、手向山付近を走る。

293
門司桟橋通停留場（開業一周年記念）
明治45年
電車を待つお客。「速くて便利」の看板が目立つ。

295
勝山城跡の景（小倉名所）
大正後期
勝山城電停付近を走る電車。現・リバーウォーク北九州のあたり。

296
砂津停留場（開業一周年記念）
明治45年
砂津停車場前（現・チャチャタウン）の風景。

297
篠栗新吉野の二瀬橋の桜花
大正8年頃
乗合タクシーでの観光を宣伝した絵葉書。

298
福岡市外武蔵温泉延壽館
玄関より天拝山を望む
大正10年頃
武蔵温泉（現・二日市温泉）の老舗旅館・延壽館に停車するタクシー。

自動車

自動車の普及と道路整備

大正時代も後期になると、絵葉書の中にも自動車が登場してくる。旅館の専用タクシー、客待ちタクシーに始まり、昭和になると自家用車が普通に写り込み、普及状況が伝わる。それに伴い市街地から道路の舗装工事も始まり、路面電車と乗合バスが併走する風景も見られるようになる。その移り変わりは、橋や交差点などの同じ場所で時代ごとに並べると顕著で面白い。ちなみに国産自動車を日本で最初に完成させたのは福岡工業学校を卒業した矢野倖一青年（当時二十四歳）だった。

299
西大橋（博多名所）
昭和5年頃
福岡市の東中洲と西中洲を結ぶ、那珂川にかかる西大橋の様子。この1枚に路面電車、ボンネットバス、タクシー、自転車、荷車など様々な交通機関が集まり興味深い。

300
西公園上り口（福岡名所）
大正10年頃
自動車での観光をPRした絵葉書。

301
九州医科大学耳鼻咽喉科教室
大正6年頃
客待ちのタクシーが並ぶ、後の九州帝国大学医学部の建物前。

302 **吾国航空輸送上の重要地点たる名島飛行場（福岡と博多名所）**
303 **スーパー水上旅客機**
昭和5年頃

昭和5年3月完成の名島飛行場は水上飛行場。大型クレーンで吊り上げられる様子や水上を飛び立つ様子は戦前の福岡の風物詩だった。同11年6月完成の雁ノ巣飛行場（福岡第一飛行場）は水陸両用空港で、当時東洋一の規模を誇った。

飛行機

304

305

304 **福岡第一飛行場**
305 **福岡陸上飛行場**
昭和12年頃

306
飛行第四大隊編隊飛行前の壮観
大正15年頃

307
飛行第四大隊（飛行機上より撮影）
大正15年頃

飛行第4大隊の拠点・大刀洗飛行場の全景。

308
博多築港（福岡百景）
大正5年頃
大正中期までの博多港は、わずか水深2.3mで500トンほどの小型船が数隻入ると身動きできないほど小さかった。昭和3年にようやく国の第2種重要港指定を受け、同11年に近代的な設備を備えた博多築港が完成。

309
福岡博多築港　明治42年

船・港

港湾の整備と連絡船

県下の港は、主要産業である石炭の積み出し港として整備された若松港や三池港、外国航路も含む貨客港・門司港など多彩な顔ぶれ。後発の博多港は昭和十一年にようやく築港が完成、貨客港として稼働し始めた。また、関門連絡船や若戸渡船などを含めて生活の一部だった渡船も多い。

港風景は、鉄道と並ぶ交通の要所であることから、名所絵葉書にも数多く収められた。中には、わかりやすく地図を絡めて紹介した絵葉書も存在する。

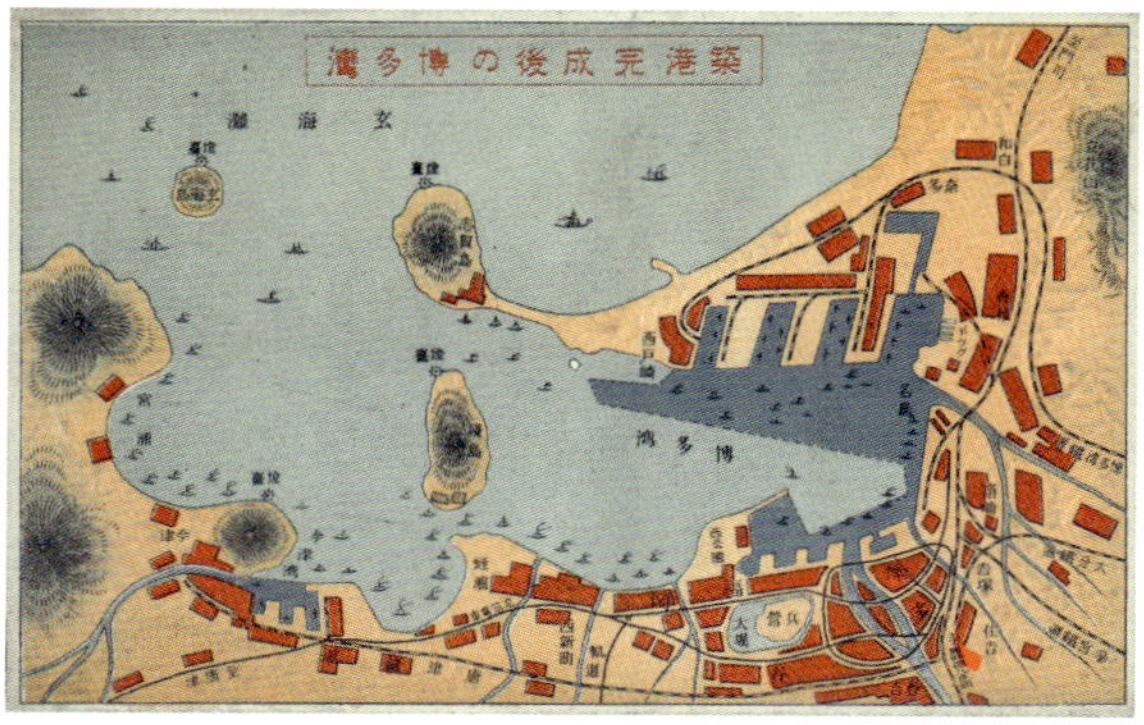

310
築港完成後の博多湾
大正7年
九州沖縄物産共進会で紹介された、博多港築港完成予想図の絵葉書。当時、博多湾の半分近くを埋め立てる計画があったことがわかる、興味深い資料だ。

311
若津港埠頭　昭和30年頃
若津港は、江戸時代から筑後平野の物資集散地として発展してきた。

312
三井三池英船へ載炭
大正7年頃
三池港は当時国内唯一のドック施設を持ち、常時1万トン級の船が係泊できた。昭和初期以降、石炭積み出し港から工業港へとその性格を変化させていく。

313
大坂商船会社桟橋（門司十二景）
大正4年頃
大坂商船（現・商船三井）の桟橋風景。門司港は、鉄道が開通する以前の明治22年から民間での築港工事が進み、九州の玄関口としての体裁と規模を整えた。

314　**港口渡船場（筑前若松名所）**
大正7年頃

315
鉄道院連絡桟橋（門司名所）
大正10年頃
本州と九州を結ぶ関門連絡船は、ピークの昭和16年には1日の乗客が平均2万4千人、年間880万人に上ったが、翌昭和17年の関門鉄道トンネル開通以後、急速にその存在価値を失い、昭和39年10月31日で63年の歴史を閉じた。

316
若松埠頭
大正8年頃

317
若松港
大正5年頃
明治から築港が進んだ若松港は、石炭の積み出し港として発展。貨車と貨物船の多さがその繁栄ぶりを伝えてくれる。

319

320

318

318 **太宰府神社の全景** 昭和16年・前田虹映 画・太宰府天満宮社務所
319 **筑紫への下向** 昭和16年・前田虹映 画・太宰府天満宮社務所
320 **神橋太鼓橋** 昭和16年・前田虹映 画・太宰府天満宮社務所

コラム

風俗画絵葉書

郷土ゆかりの画家たち

昭和十年前後から、風景画や風俗画を用いた美術絵葉書が増えてくる。美術絵葉書は明治期より存在するが、地域の名所や特定の風俗を描いたものは少なかった。十代の一時期を八幡で過ごし、後に絵葉書作家・挿絵画家として地位を築く竹久夢二。彼に代表されるように人気画家の登竜門として絵葉書は重要な役割を果たし、岩田専太郎や和田三造（福岡出身）など和洋を問わず作品が残されている。

また、戦時中は戦況を伝える軍事絵葉書が数多く作られ、画家の多くは従軍画家として戦地に赴き絵を描いた。国内に残った画家たちも、画材が手に入りにくくなり、創作活動がままならない者も多かったようだ。

鳥瞰図絵師・吉田初三郎の高弟として、創作現場の指揮をとっていた前田虹映（山口県柳井市出身）は、昭和十一年の独立後、郷里に近い福岡県内の作品を多数描いている。惜しくも昭和二十年に病死するが、わずか九年間の活動期間に「福岡市」「太宰府観光図」「福岡久留米大牟田三都図絵」「武蔵温泉延壽館」といった観光鳥瞰図に加え、「菅公の歴史と太宰府天満宮」「福岡県護国神社」「銃後の久留米」「観光の福岡」「産業と観光の大牟田市」などの絵葉書シリーズを残している。伝統的な日本画技法で描かれた繊細なタッチの作品群は、師・初三郎とは違う独特の魅力があり、奥が深い画家のひとりだ。肉筆原画も県内各地に残っているらしく、発掘のために絵葉書を頼りに尋ね歩く楽しみもある。

322

321

324

323

321
水天宮御座船御神幸
昭和16年・前田虹映 画
久留米市役所

322
福岡県護国神社
昭和18年・前田虹映 画
護国神社創建奉賛会

323
博多湾
昭和12年頃・益田玉城 画
西日本観光緑地協会

324
博多港
昭和11年・祝部至善 画
博多築港記念大博覧会

第4章

産業と商業

炭鉱・製鉄・繊維・ゴム・製紙・飲料・商家・商店・新聞社・郵便局・銀行・電力・鉄道・保険・商工会・旅館・ホテル

福岡県下は産業の宝庫。主要産業・企業の大半が絵葉書を発行しており、並べるだけでも産業カタログができそうだ。筑豊や三池の炭鉱群に始まり、八幡や戸畑の製鉄所、久留米の繊維・ゴム、門司の麦酒・食品原料など当時の主要産業が揃う。商都・博多には商家をはじめ、新聞社や銀行・ホテル・旅館などのサービス業の絵葉書が多く、門司には商社・運送会社・倉庫業などが多いという具合に、分類すると地域性も見えてくる。すでに消滅・撤退した会社もあれば、現在も盛業中の会社ももちろんある。絵葉書の奥深さが際立つテーマ、それが「産業と商業」である。

325 **鐘淵紡績博多支店全景** 大正7年頃
博多区住吉、現在のキャナルシティの場所にあった。アール・デコ調の生糸をあしらったデザインも面白い。

327
姪浜鉱業株式会社全景
昭和初期

326
特異な景観、
ボタ山と炭坑長屋
昭和20年代
福岡市の西、愛宕山の海側にあった姪浜炭鉱（早良炭鉱、大正3年－昭和37年）の様子。愛宕山から博多湾を望む。

炭鉱

県内各地に林立したヤマ

県下の石炭産業の歴史は古く、十五世紀に三池郡稲荷山での発掘記録がある。江戸時代、瀬戸内海沿岸の塩田で用いられるようになり、福岡藩や三池藩で生産される。明治に入り官営となった三池炭鉱に対し、筑豊炭田は三井・三菱・住友などの中央資本と安川・松本・麻生・貝島などを中心とした地元資本が入り交じり、福岡県は国内最大の石炭供給県として日本経済の発展を支えてきた。発行された絵葉書の数も膨大で、関連産業も含め、昭和三十年代以降衰退して消えた炭鉱史の一端を垣間見ることができる。

328
三菱上山田炭坑坑所全景
昭和5年頃

329
嘉穂炭坑坑所全景
昭和初期

330
嘉穂炭坑選炭場
昭和初期

331
芳雄上三緒鉱業所（飯塚町上三緒）
昭和初期

332
三菱上山田炭坑捲場
昭和初期

333
豊国炭坑（豊前田川）
大正後期
明治24年、明治鉱業が開坑。写真は現・糸田町。

334
中島炭坑（田川郡中島鉱業）
大正後期

335
三井田川鉱業所第三坑
昭和初期

336
貝島鉱業　満の浦第一坑の景
大正中期
8歳から坑夫として働いた貝島太助は明治18年に大之浦坑を開坑、兄弟で貝島王国の基礎を築く。写真は鞍手郡笠松村（現・宮田町）。

337
**大之浦炭鉱充塡土砂採取機
スチームショベル**
大正12年頃（貝島炭鉱・宮田町）

338
大之浦炭鉱第三坑鉱夫社宅
大正12年頃（貝島炭鉱・宮田町）

炭鉱

炭鉱隆盛を伝える絵葉書

明治六年に官営となった三池炭鉱は、明治二十二年に三井組が買い取り民営となる。以後、最盛期には県内各所で二五〇を数えた炭鉱立県・福岡の象徴として、戦後も最後の炭鉱として近年まで残った。百年以上に及ぶ三井三池炭鉱の歴史の中で絵葉書も数多く発行され、その内容も設備案内から坑内娯楽施設、付属病院など様々だ。中にはビリヤードや将棋に興じる職員の姿もあり、産業資料としてだけでなく、風俗資料としても貴重なものが多い。

339
三池萬田坑ケージ
大正初期
明治36年、隣接する熊本県荒尾町に開坑。四山坑ができるまで三池の主力坑だった。

340
菅牟田第三坑人道坑口及事務所
大正6年頃（宮田町）

341
菅牟田第三坑北竪坑　大正6年頃

343
石炭積込機（九州若松百景）
大正10年頃

342
筑前若松駅構内クレイン機より石炭積込の景　大正6年頃

344
三池炭鉱坑内採炭の景
大正初期
坑内で作業する女性坑夫。大正も後期になると坑内に照明用の裸電球が配備された。

345
宮の浦坑（三池名勝）
昭和5年頃

346
三井三池炭鉱四山坑
昭和5年頃
大正12年、三池築港海岸べりに開坑。やぐらの地上からの高さ45m、地下の深さ409m、巻揚機は360馬力で日本一の竪坑だった。

製鉄

二十世紀の日本とともに発展

洞海湾の一角、草深い八幡村に近代的な溶鉱炉が完成したのは明治三十四年。二十世紀の幕開けとともに操業を開始した八幡製鉄所は、製鉄所関連の鋳物や鉄鋼加工業を従え、北九州工業地帯の中心として発展する。絵葉書も製鉄所事務所名義で数多く発行。黒煙が立ちのぼる煙突と、広大な敷地、設備に加え、製鉄所勤務の労働者とその家族で賑わった八幡市街の町並みや官舎が収められた。毎年十一月に開催される起業祭は、操業開始当時から続く伝統行事だ。

347
八幡製鉄所本事務所
昭和10年

348
主要工場全景（八幡製鉄所）
大正10年頃
明治34年、官営八幡製鉄所の操業開始は福岡県が農業県から工業県へと脱皮するきっかけとなった。関連産業も含め都市を形成した八幡市は鉄都と呼ばれる。

349
製鉄所鎔鉱炉（筑前八幡）
大正7年

350
大谷グラウンド（八幡製鉄所）
昭和10年

351
槻田社宅（八幡製鉄所）
昭和10年
工場拡張のため、官舎は所外へ移設。明治43年までに槻田や大蔵に1千戸余りが建設された。

352
八幡製鉄所　病院
昭和10年

353
中央汽罐（八幡製鉄所）
大正7年頃
当時の汽罐（ボイラー）は石炭たき、明治43年には736基に増えるも、大正12年の電化後に次々と姿を消した。

354
大堰堤の光景（河内貯水池名所）
昭和10年

355
水路の一部（河内貯水池名所）
昭和2年
工業用水確保のために、8年の歳月をかけて昭和2年完成。有効貯水量720万立方メートル。眼鏡橋をはじめ当時の建設物は今も健在。

356
東洋製鉄戸畑工場仮骸炭炉
大正4年頃

357
東洋製鉄戸畑工場の一部　溶鉱炉
大正4年頃
昭和9年、九州製鋼とともに八幡製鉄所（日本製鉄）に吸収・合併された。

358　日本足袋　第一ミシン工場　大正14年頃

359　日本足袋　本社工場　大正14年頃

前身の志まやたびは、新工場完成に合わせ大正7年6月、日本足袋を設立。従来の縫い付け式を貼り付け式に改良した地下足袋を開発し、大正12年に「アサヒ地下足袋」として発売。昭和12年に日本ゴムと改称。ブリヂストンタイヤは昭和6年、同社から分離独立。

絣の町からゴムの町へ

大正期になると県下に様々な産業が生まれ、工場が建てられた。中でも久留米では、日本足袋（アサヒ靴）とつちやたび（月星化成の前身）が第一次世界大戦後の不況打開策にと始めた地下足袋やゴム靴の生産を競い、昭和に入る頃には県外にも工場を持ち、国内はもとより海外への輸出で躍進した。日本足袋から分離したブリヂストンタイヤを含め、伝統の久留米絣の町からゴムの町へと変容していく様子は、広告宣伝に使われた絵葉書にも収められている。

360
日本足袋　福岡工場
昭和5年頃
福岡市博多区住吉（美野島）に完成した福岡工場全景。現在の九州松下電器工場の場所。

361
日本足袋　製品種類（広告絵葉書）
昭和5年頃

362
今組二日市製糸所　修養室
大正12年頃
山十の愛称で親しまれた、筑紫野唯一の機械工場。国鉄（現・JR）二日市駅近くにあった工場内部の景。

363　**福岡地方専売局　両切巻上工場**
364　**福岡地方専売局　正門**
昭和5年頃
福岡市吉塚（現・パピヨンプラザ付近）にあった専売局工場。

365
小倉製紙会社（小倉十二景）
大正2年頃

365

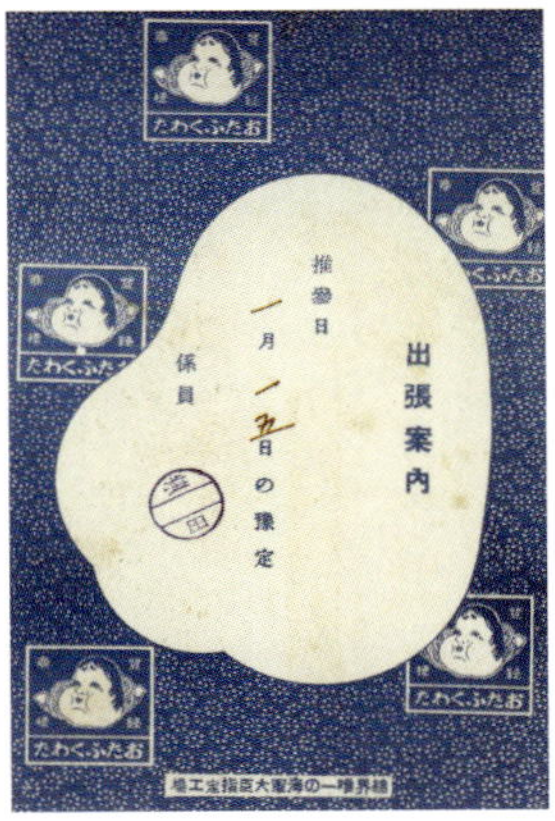

366
おたふくわた　出張案内
昭和10年頃
昭和4年、福岡市比恵明治町に創立。製綿会社として全国に知られた。

367
日本製糖（門司風景）
大正7年頃

368
桜ビール（門司風景）
大正7年頃
大正2年、九州初のビール工場として門司大里町に創設（当時は帝国ビール）。サクラビールの名で西日本地区の販路を独占した。後のサッポロビール工場。

369
浦田開明堂書店店頭の真景
大正初期

370
淵上呉服店（博多瓦町）
大正初期
淵上呉服店は後のユニード。ショーウインドウを設けたモダン建築の店舗。

商家・商店

宣伝上手で商売繁盛

宣伝広告の歴史は古く、引札と呼ばれる広告が明治を中心に数多く残されている。印刷文化が発達し雑誌や専門誌が創刊された大正期には、ポスターなど広告ツールも多様化し、絵葉書を積極的に配布。宣伝効果で業績を伸ばす所も出てくる。

商人の町・博多の商店や企業は絵葉書を発行した所が多く、広告絵葉書や開店記念絵葉書、そして年賀状などを巧みに使い分けて、庶民の購買欲を次々に煽った。その多くは戦災で焼失したが、戦後業態変更して躍進する企業も出てくる。

371　**平助筆復古堂**　大正10年頃
博多麴町に本店、比恵明治町に文具工場があった。代々製筆名家で、大正期には絵葉書も発行していた。

372　**復古堂平助筆老舗店頭**　昭和初期

373
機械畳販売所　日之出商会　大正2年
博多駅裏、比恵明治町にあった商店。

374
博多橋口町紙商　権藤商店　明治43年頃
紙や文具商として栄えた権藤商店は、博多橋口町の石村萬盛堂と石田旅館（後に門司へ移転）の間にあった。

375
姪浜町　松尾伊右エ門商店
樫道中車製造工場
大正7年頃

376
紙與呉服店（博多）　大正8年頃
博多土居町角にあった老舗呉服店。渡辺與八郎は博多電気軌道創設者で、福岡市の発展に情熱を燃やし、道路建設や港湾設備などにも私財を投じた。その功績を称え渡辺通りにその名を残す。

372

377
菓子商店　喜楽堂
明治45年頃
福岡橋口町にあった和田喜楽堂の店頭風景。

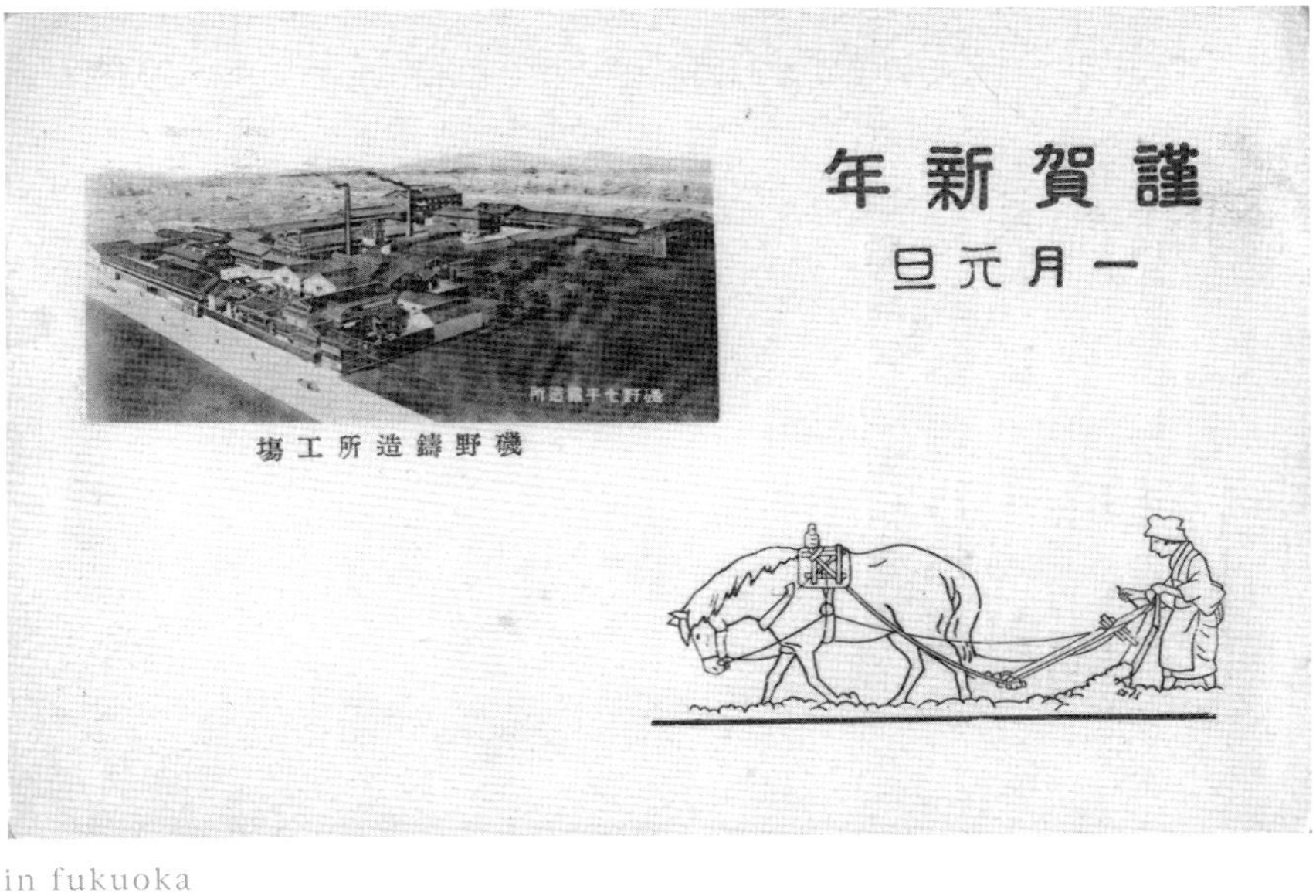

378
磯野七平鋳造所（年賀状）
大正15年頃
福岡土居町一帯（今の冷泉公園）に工場や屋敷があった。室町時代から続く名家で、農機具の磯野として全国に知られた。第11代の七平は明治26年第2代福岡市長となり、博多湾鉄道や土居銀行などを創設。12代・七平も土居産業や博多無尽銀行を創設するなど、市内の産業発展に寄与した。

379
第二回小倉市製産品評会　売店
大正初期

380
門司駅構内果実売店（門司市）
大正中期
門司には国内各地はもとより、台湾のパイナップルや香港のバナナなどの果実が集まり、果物商はどこも繁盛した。

381
久留米商品陳列所
大正後期

382
福岡県商品陳列所
大正中期
明治39年、福岡市須崎土手町に開場した県物産陳列場は、農林水産、鉱産など県内の主要物産約1万点を陳列した。大正6年、県庁前（今の毎日会館の場所）に新築移転。

385

384

383

383 **佐藤絹織株式会社**　大正後期
384 **日本運送株式会社門司支店**　昭和2年頃
385 **手塚商店（門司）**　昭和10年頃

新聞社

386
須崎土手川岸（福岡日日新聞社）
大正中期（福岡百景）

西日本新聞社は明治10年3月の筑紫新聞創刊に始まる。明治13年に福岡日日新聞となり、同40年に須崎土手町に新築移転。2階建て木造洋館で、大正15年新聞社の渡辺通り移転後は福岡ホテルとして親しまれた。

389

388

388
九州日報社　全景
昭和7年

389
筑後新聞社
大正7年頃

387
新築本社全景（福岡日日新聞社）
大正15年

391

390

390、391
九州日報社　新築移転記念絵葉書
昭和7年

前身の福陵新報は明治20年、玄洋社の機関紙として創刊。明治31年に九州日報と改称した。写真は昭和7年5月、天神に新築した本社社屋と設備の紹介。昭和17年、戦時下の新聞統合により福岡日日新聞社と合併し、西日本新聞社が誕生する。

392
福岡郵便局新築記念
大正9年12月1日

393
福岡郵便局（福岡百景）
明治44年頃
明治36年、福岡橋口町の那珂川土手に新築移転した福岡郵便局（現・福岡中央郵便局）は、大正9年12月に現在地近くへ移転する。

郵便局

郵便・電話の発達

絵葉書とは切っても切れないのが「切手」であり、郵便局である。明治三十五年の「万国郵便連合加盟二十五周年記念絵葉書」をはじめ、旧逓信省が発行した明治期の絵葉書は、逓信絵葉書として収集の際の一ジャンルとなっている。

福岡での郵便業務は、明治四年に創設された福岡郵便取扱所に始まる。郵便業務、電信業務に加えて明治三十二年以降は電話業務も始まり、公共サービスとしてなくてはならない存在となる。

394 **福岡郵便局電話交換室** 昭和初期
電話交換室は明治32年5月1日開設。東中洲の福岡電話局内と橋口町の福岡郵便局内に置かれた。昭和9年から現在と同じ度数制を実施。当時の交換手は袴姿。

395
柳河郵便局外観
昭和初期

396
福岡簡易保険支局　開局記念
昭和9年
大濠公園横に現在も健在のこの建物は、昭和9年3月31日竣工、5月開設された。工費は当時の金額で128万円、戦後は米陸軍病院として接収されていたが、昭和31年返還、保険局庁舎に復した。

398

397

397
三井銀行福岡支店
昭和初期

398
椎田銀行（椎田町）
昭和初期

銀行

399
新築　第一銀行福岡支店
大正中期
福岡市西町電車通りに新築された第一銀行の記念絵葉書。

400
不動貯金銀行福岡支店外観
大正中期

401
不動貯金銀行（小倉）
大正後期

402
九州電灯鉄道　新築本社
大正6年7月
福岡市天神町の一角（現・天神ビル）に建つ。九州電灯鉄道は博多電灯軌道と九州電気が合併し発足。後に電力事業は九州電力、鉄道事業は西日本鉄道に継承された。

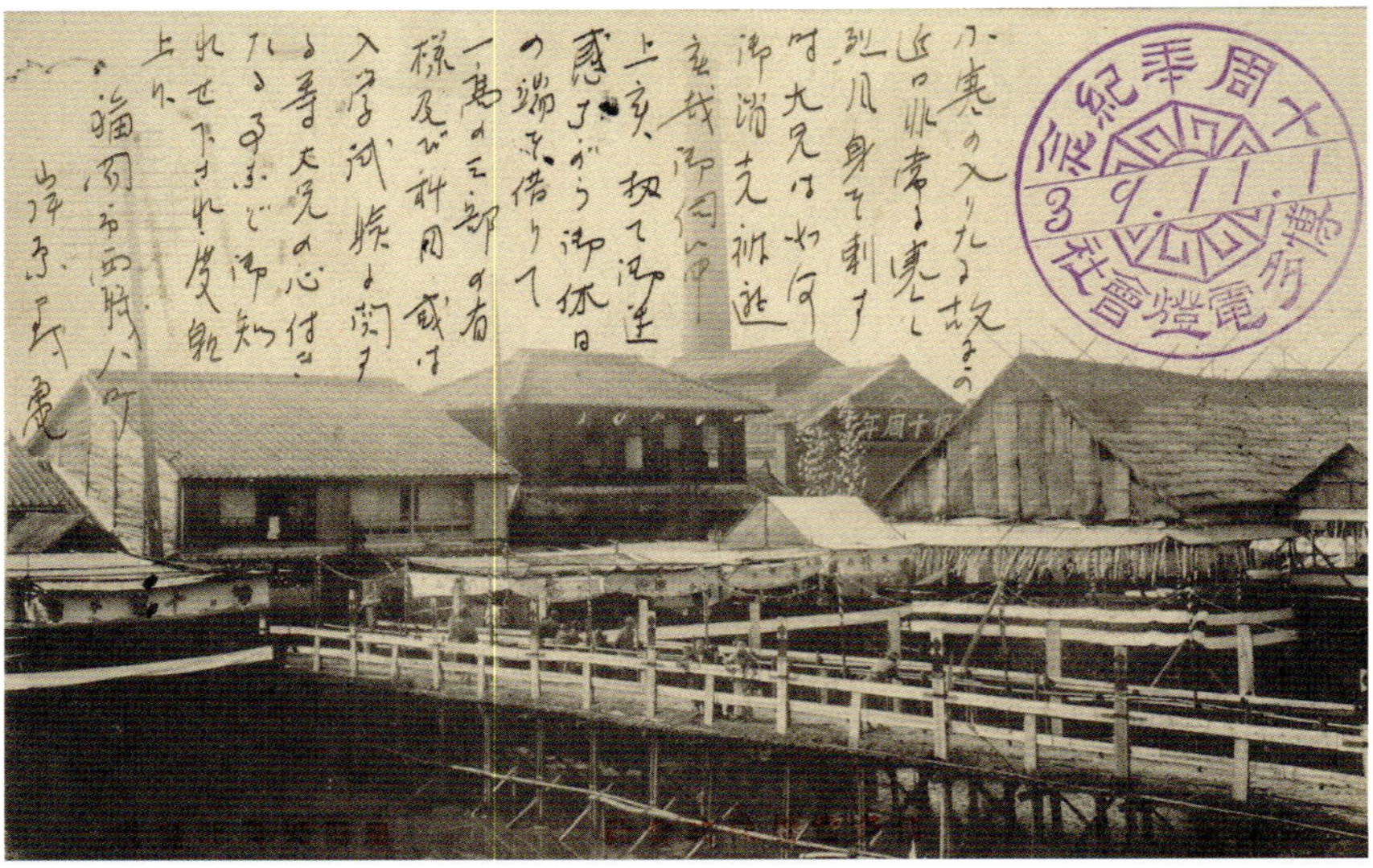

403
博多電灯会社　十周年記念
明治39年11月
明治30年、東中洲に開業。福岡市に初めて電灯を灯した。九州電力に継承される。

電力・鉄道 保険・商工会

404
九州鉄道管理局（門司名所）
大正8年頃
明治24年、九州鉄道本社は門司に移転。同40年の国有化で鉄道管理局となる。現・九州鉄道記念館。

405
千代田生命相互保険福岡支部
昭和8年頃

406
新築博多商業会議所　背面全景
大正13年
大正12年の中洲大火により消失した社屋を、翌13年11月、西中洲に新築移転。5枚組絵葉書の1枚。

407
博多　松島屋旅館
昭和初期
福岡市中島町（中洲）にあった老舗旅館。

408
福岡県庁前　旅館勝屋花檀
大正2年頃

409
旅館第二高嶋屋前面
大正6年頃
旧博多駅前通り（現・祇園町）にあった高島屋旅館の3階建て建築。

旅館・ホテル

老舗旅館と新興ホテル

明治から大正期、福岡市で一流旅館といえば、松島屋と栄屋。皇族をはじめ名士が常連客だった。博多駅前では高級旅館の丸明館や高島屋旅館などが、絵葉書を宣伝ツールとして活用。室内写真から外観、中庭などをセットにして配布していた。大正十二年になると純洋式ホテルの福岡ホテルが開業（ビルは十四年に福岡玉屋となる）し、博多駅前にも博多ホテルが進出する。呉服町角に完成した片倉ビル（八階建てで当時市内一の高さ）上層階に共進亭ホテルが開業するなど、ホテル文化が根付いた時代だ。

410　**共進亭ホテル**
大正10年頃

411　**博多駅前　博多ホテル**
昭和6年頃

412
此の里全景　昭和30年頃
前原市加布里の老舗旅館・此の里旅館。改築前の全景。

413
大丸旅館本店玄関
大正10年頃
武蔵温泉（現・二日市温泉）の老舗、木造3階建ての大丸旅館。

旅館・ホテル

414　**筑紫館　全景**
昭和5年頃
大正後期から昭和初期にかけて、武蔵温泉の湯町には、木造3階建て旅館が次々に完成。

415
芥屋　若松屋旅館（筑前）
大正12年頃

416
筑前津屋崎町　潮湯御宿　不老館
大正5年頃
津屋崎は県下第一の海水浴場と言われ、旅館も海水浴客で賑わった。

418　**大里海岸通り長田旅館（門司）**
大正7年頃

417

417
西本町通り石田旅館（門司）
大正7年頃

419
波堤場より旅館（大島）
大正12年頃

420
久満屋旅館（筑前甘木）
大正6年頃

419

420

421
海の中道西戸崎　松濤館
大正10年頃

422
椿温泉（炭都飯塚）　昭和5年頃
穂波町椿にあった椿温泉は近郊からの客で賑わったが、戦後枯渇し閉館。建物は診療所などとして活用された。現在ナフコが建つあたり。

424

425

423

423　福岡市公会堂（福岡百景）　大正6年頃
424　福岡裁判所（福岡名所）　明治末
425　福岡地方裁判所　陪審法廷　昭和初期

コラム

記念絵葉書

記念絵葉書をめぐる考察学

絵葉書は店頭や観光地で販売されたもの以外に、主に記念品として製作されてきた。駅舎や建築物などの竣工記念、新装開店する商店や記念行事が行われた学校など、その範囲は広く、最も手軽な記念品だったことがわかる。

その多くは、四枚組などのセットとして袋入りで関係者に配られたり、宣伝用に顧客に配られたもの。収集家が入手したものには未使用のものが多く、持ち主が大切に保管していたことが伝わってきて、「よくぞキレイな状態で残してくれました」と、思わず感謝したくなる。

新築記念のセット絵葉書の多くは、外観や施設内部を写真で紹介。当時の施設紹介パンフレット類は写真製版技術も絵葉書の精度には遠く及ばず、貴重な画像資料であることは言うまでもない。

竣工前の写真だと、場合によってはその建造物の用途が竣工後早々に変わることも多く、また災害や火災などで外観の改修を余儀なくされたり、建物そのものが失われることもあるだろう。

絵葉書以外の記録が残っていないことは、戦災を受けた多くの都市に共通していて、その価値は今後さらに高まっていくように感じる。そういう思いで絵葉書を眺めていると、いつの間にか「一枚一枚のプロフィールをもっと知りたい」という気持ちが強くなり、絵葉書の魅力にとりつかれていく。調べるうちに周辺の歴史や由縁も知ることができ、地元学が自然と身についていく。

427

426

429

428

426
福岡警察署
大正初期

427
福岡県立図書館正面
大正7年

428
福岡営林署全景
大正後期

429
福岡県教育会館建設記念
本館正面
大正後期

第5章

娯楽

映画館・劇場・水族館・動植物園・遊園地・公園・野球場・お花見・演舞台・相撲・遊覧船

明治末から昭和初期にかけて、福岡県内には様々な娯楽施設が誕生し消えていった。娯楽そのものが今ほど多くなかった時代、日常生活とは違った世界が体感できる劇場や遊園地は、庶民に歓迎され人気の的だった。

この章では、そんな庶民の非日常の一端を絵葉書の中に探し、当時の世相・風俗を振り返る。時代も発行理由もバラバラなものを体系的に並べることで、様々な事実が見えてくる。そんな中、庶民の楽しみの多くは今も昔も変わりがないことを絵葉書は教えてくれる。

430　**西公園の桜花満開　お花見（福岡名勝）**
大正中期

432

431

映画館・劇場

劇場街・中洲の誕生

県内で最初に映画（活動写真）が上映されたのは博多の聖福寺境内にあった教楽社という常設劇場で、明治三十年八月十二日の夜だった。常設劇場として最も早く県内に誕生したのは門司の電気館（明治四十三年）、次いで久留米日吉町に世界館（明治四十四年）が誕生。西日本一の劇場街・中洲に常設映画館が誕生したのは大正二年の世界館で、それまで博多では演劇や歌舞伎を上演する劇場が主流だった。その後中洲は大正末から戦災を挟み昭和の全盛期にかけて西日本一の劇場街を形成していく。

433
東中洲　千日前通
（福岡名所）
大正末

431
東中洲　友楽館前（福博名所）
大正14年頃
友楽館は大正12年開館。現在の東京第一ホテル福岡の場所。

432
博多　世界館前通
（福岡百景）
大正中期
福岡市内最初の活動写真常設館大正2年開館。

434
博多情緒漂う歓楽街
博多浅草・東中洲の活況
昭和20年代
手前右の大洋映劇は、戦後の昭和21年4月開館。

434

436

435

435
東中洲文化街　喜楽館
大正13年頃

436
博多東中洲　九州劇場
（福岡百景）
大正中期

437
飯塚本町　飯塚座
（飯塚名所）
大正後期

438
飯塚本町　飯塚毎日館
（飯塚名所）
昭和初期

439
開月館（直方名勝）
大正後期

437

438

439

440
箱崎水族館　放養池　大正中期

441
箱崎水族館（正面）
大正末期（福岡と博多の名所）
箱崎水族館は明治43年開館。当時、東洋一の規模を誇ったが、昭和初期の箱崎浜埋め立てのため敷地の大半を国道3号線に取られ閉館。

442
箱崎水族館（館内）　大正中期

441

442

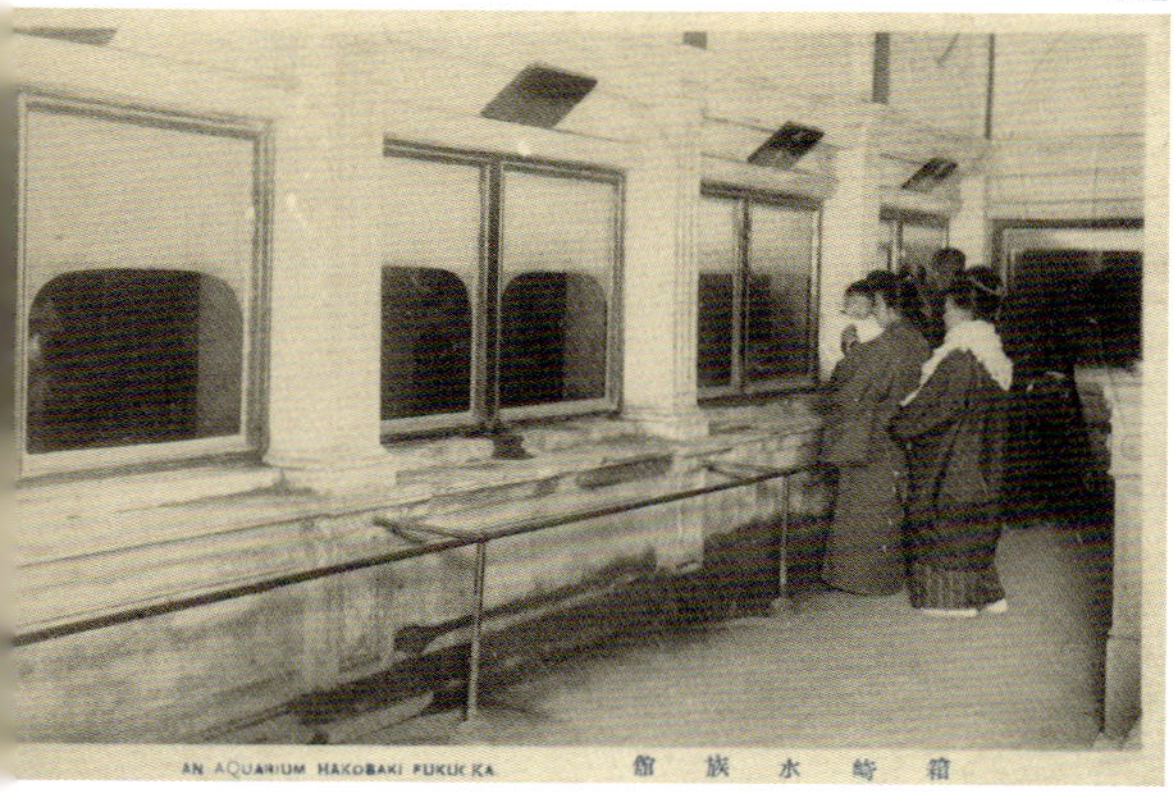

東洋一の規模で連日盛況

福岡県内で最初にオープンした水族館は明治四十三年の箱崎水族館。当時国内にも数えるほどしか水族館はなく、東洋一の規模。訪れた市民は珍しい魚に歓喜した。同館閉館後は志賀島に水族館ができて長く市民に親しまれたが、現在はマリンワールド海の中道にその地位を譲っている。九州電気軌道の施設として小倉・到津に到津遊園がオープンしたのは昭和七年。動物園として開業後、遊園設備を順次加え、近年まで市民の遠足・行楽のメッカ的存在だった。絵葉書をじっと眺めていると、子供たちの歓声が聞こえてきそうだ。

443
国立公園内の和布刈水族館
昭和30年代
和布刈水族館は昭和29年に門司市が民間から買収、43年に閉館。

444
東公園動植物園　正門
昭和10年頃（**福岡と博多名勝**）
御大典記念の全市民の寄付で昭和8年に完成。ゾウ、ライオンなど動物954種、植物1万2千種。昭和19年に強制閉園。馬出小学校正門横に当時の門を復元。

445
東公園動植物園　植物温室
昭和10年頃

446
小倉城とジェットコースター
昭和37年頃

447
小倉到津遊園　動物園入口
昭和11年頃
九州軌道（現・西日本鉄道）の施設として開園。名物だった正ちゃん橋とリス門。

448　**小倉到津遊園**
スポーツランド　昭和11年

449　**小倉到津遊園**
子供ホール正面
昭和11年

450
小倉市外　中原遊園
大正中期

451
老松公園（門司風景）
大正中期

市民の憩いの場として定着

公園 野球場

公園は庶民の身近な憩いの場として、今も昔も変わらず支持されているが、その歴史や生い立ちは一般に知られていないものが多い。例えば、桜の名所として親しまれている福岡市の西公園は、明治十四年の開園当時は市民のボランティアで整備・管理され、同じ福岡市東公園の中央に鎮座する亀山上皇像の台座を造る際には、近くの博多中学校の生徒が勤労奉仕していたことなど。身近にある他の公園にもきっと歴史があるはずだ。

452
大濠公園（博多名所）
昭和10年頃
大濠公園は、昭和2年の東亜勧業博覧会の会場として埋め立て整備され、昭和4年に開園。5つの橋は当時からのもの。

453
篠栗公園（筑前）
大正末期

454
春日原遊園地
昭和10年頃

455
東公園パノラマ（福岡名勝）
明治44年
明治44年に開館したパノラマ館は、大正3年の暴風雨の際に倒壊し、短命だった。

456
東公園の蓮池（福岡名勝）
明治44年

457
観雲荘及油山遊園地の一部
昭和初期
観雲荘は、玄洋社の頭山満が命名。

458
元寇記念館（福岡東公園）
明治45年

459
福岡　西公園山道（福岡名勝）
大正末期

460
西公園から福博市街を望む（福博名所）
昭和20年代

461
西公園の桜（福岡百景）
大正中期

462
西公園の桜花満開（福岡名勝）
大正中期
福岡市随一の桜の名所・西公園は明治14年開園。着物姿以外、今も昔も賑わいは変わらず。

お花見

庶民の楽しみ、花の宴

県内各地に桜や藤、梅といった花の名所は数多く存在する。絵葉書にも「お花見」を題材にして観光をPRするものが昔からあり、当時の人々の活き活きとした笑顔が写った写真も多い。鮮やかなカラー写真もあれば、モノクロながらその景観の素晴らしさが十二分に伝わってくるものもある。手入れを欠かさず、地域の宝を守る活動者がいないと、美観は維持できない。その努力は町並みの景観を維持する以上かもしれない。そんな思いを抱き絵葉書を見るのもいい。

463
福島町八女公園桜花満開
大正中期
八女郡福島町の福島城址一帯の八女公園の桜。

464
春の通天道　桜の馬場（豊前英彦山）
大正後期

465
長堤の桜（船小屋名勝）
昭和初期

466
市外延命寺の桜（小倉名所）
大正中期

467
小倉市外　安部山公園
大正初期

468
太宰府神社　梅園（筑前）
大正後期

469
小田部の藤（福岡名所）
大正初期

470
野田庭内　汐見桜（芦屋名所）
大正中期

471
遠賀郡香月町誕生山吉祥寺藤花園
昭和初期

472
大川　納涼大会演芸場
大正後期

473
相生検番　春は松囃子（長唄）
昭和初期

演舞台 相撲 遊覧船

娯楽の多様化と大衆化

明治末から昭和戦前にかけて、絵葉書が大衆の支持を得ていた時代は、庶民の生活は決して楽ではなかった。二つの世界大戦に挟まれ、政情不安と景気の急上昇・乱降下に左右され続けた大正時代、庶民は不安を打ち消すように娯楽に向かい、様々な催しや博覧会に繰り出した。絵葉書もそれを反映し、ここに紹介する演芸や相撲興行、温泉と遊覧船などの楽しみを競って紹介・宣伝した。

474
福島町八幡宮放生会飾屋台
大正中期
毎年9月に奉納される人形芝居は重要無形民俗文化財に指定されている。

475
筑前直方町開月亭庭園前
横綱大砲と後藤
大正初期

476
天神橋側大相撲の光影
大正初期

477
博多中島町の菊花壇（奉祝御大典）
大正初期

478
九州沖縄勧業共進会　演舞館
大正初期
大正4年開催。中券の手踊りの様子。

480
筑前原鶴温泉　小野屋旅館遊覧船
昭和初期
原鶴温泉の老舗旅館・小野屋の絵葉書より。

479
全国子供博覧会第二会場へ渡船（福岡）
大正10年

481
名島の風光（福岡名所）
大正中期
名島海岸で潮干狩りを楽しむ家族連れ。

482
筑前津屋崎　活洲場（放魚場）
大正初期

484　製鉄所二瀬出張所　中央幼稚園　昭和初期

483　筑前戸畑金子松濤園　松齢軒前庭　大正後期

コラム

絵葉書の中のファッション

時代はゆるやかに和装から洋装へ

古い絵葉書を集める楽しみの一つに、写っている人物のファッションがある。行き交う人々の服装は当然ながら時代や季節によって異なり、当時の流行も伝わってくるからだ。

例えば大正期の絵葉書は、和装と洋装が半々くらいだが、昭和も十年頃になると洋装が大半を占めるようになる。上に紹介した幼稚園の風景でも、スカートをはいた洋装の子供が増えているのがよくわかる。

海水浴や臨海学校の絵葉書では、水着の丈は現在とは比較にならないほど長く、あまり恰好いいとは言えないが、当時は最先端のファッションだったはずだ。着る物だけでなく、帽子や靴も当然のように当時の流行だろう。

今も共通するのは、男性よりも女性の服装の方がはっきりと流行がわかること。絵葉書の中の男性は、大正から昭和に入っても、洋装も和装も外出着に大差はないようだ。

九州の絵葉書には、お国言葉で地元を紹介するシリーズが多い。博多には「博多仁和加」のシリーズがあり、扮装し内容を再現した写真が添えられていて楽しめる。同じく博多人形の絵葉書集が数多く発行され、人気人形師の作品にも当時のファッションが活かされたものが多い。

また、髪型なども注意して見ていくと、一層絵葉書の世界が楽しめること請け合いだ。

486

485

488

487

485
福岡女子高等臨海学校　体操
大正後期

486
博多仁和加野外劇　福岡公会堂
大正中期

487
博多仁和加野外劇　箱崎海岸
大正中期

488
博多二〇か　買いしめの焼餅
大正後期

第6章

暮らし・風俗

生活風景アラカルト・海水浴・記念行事・祭り・病院・湯町・浴場・遊郭

流行の先端を紹介した絵葉書の中で、庶民の日常生活そのものを紹介したものは、実のところあまり多くない。絵葉書の発行理由を考えれば致し方ないことだが、じっくり探せば興味深い資料も出てくる。今も続く各地の伝統的な祭り、その時代限りの記念行事、大正後期から県内各地で整備開設された夏の海水浴場など、その中身は多種多様だ。日常生活に欠かせなかった町のかかりつけ病院、家庭の浴室設備が普及していなかった時代の銭湯や浴場など、先端の暮らしとは違った等身大の戦前の暮らしをこの章では追ってみた。

489 **津屋崎の渡舟（筑前）**
大正初期

490
博多の八朔節句飾物（新九月一日）
大正後期（福岡土俗絵葉書）

491
柳河区裁判所落成式の景
大正初期

生活風景アラカルト

時代とともに変化する日常生活

地方を中心に庶民の日常の生活風景を探していくと、日本伝統の暮らしの多くが失われたことに気づく。代々受け継いだ家具や家屋、道具類。大量生産・大量消費の現代にはない、地方に根付いた文化の大切さを今更ながらに思う。ここで多く取り上げた黒土村（現・豊前市）は明治三十年代に始まった村是《そんぜ》調査において「模範村」となり、その内容を絵葉書に収めた。村是とは、村の産業や性質の現状を把握し改善方法を定めるというもので、「道徳と経済の調和」を謳って当時全国的に進められた。

492
博多町家の梯子段と帳場
昭和初期（福岡土俗絵葉書）
この絵葉書シリーズでは、福岡県内で当時すでに失われ始めていた風俗の記録を試みていた。

493
養雉所（黒土村）
昭和2年
昔の農家の多くは、鶏や雉を庭先で飼っていた。

494
叺製造実況（黒土村）
昭和2年
模範村として栄えた黒土村の筵織り風景。機械の脇に懐かしい手漕ぎ井戸も見える。

495
福岡　網屋の浜
大正中期
箱崎浜近くの漁村風景。海岸の埋め立てが行われる前はどの海岸でも見ることができた情景。

496
模範台所（黒土村）
昭和2年
黒土村・清酒千代鶴酒造の台所風景。

497
蚕種製造所（黒土村）
昭和2年
築上郡一帯は戦後まで製糸業が盛んで、桑畑や庭先での作業風景が見られた。

498
宇美八幡宮産湯の水（筑前）
大正中期

499
元寇防塁発掘の景（福岡市西新町）
大正9年
高等小学校や中学校の生徒が勤労奉仕で発掘作業などを手伝う。そんな光景も当時は当たり前だった。

500
伊崎海水浴（福岡百景）
大正中期
西公園下の伊崎海水浴場で遊ぶ子供たち。

501
福岡　伊崎浦海水浴場の光景
大正初期
ボーダー柄の水着と帽子で水浴を楽しむ家族連れ。

大正中期に一般化した海水浴

クーラーはおろか、扇風機もなかった大正時代、夏になると町中に納涼場（今のビアガーデンのようなもの）、砂浜の海辺には海水浴場が地元の新聞社や企業の支援で開設された。白砂青松の美しい海岸が続いていた福岡市内でも、大正初期までは脱衣所やシャワーなどの設備が整っておらず、海水浴客はまばら。中期以後、設備を整え、仮設舞台での演舞など催しも活発化し賑わった。福岡の各女学校は体育授業の一環として海水浴を実施。絵葉書も数多く残っている。

502
須崎裏の海水浴（福岡百景）
大正中期
現在の福岡市民会館の海側、福岡ボート付近の海水浴風景。

503
福岡夏の楽天地　ももち海水浴場
昭和初期

504
百々道海水浴場（福岡）
昭和初期
「設備完全真に理想的」とある百道海水浴場は、福岡日日新聞が大正7年に開設。臨海学校などで多くの子供たちが集ったが、大正15年5名の児童が水死する事故が起きた。

505
北九州第一　津屋崎海水浴場
大正後期

506
水浴場（船小屋名勝）
昭和20年代

507
中原海水浴場
大正後期
小倉新報社主催で開設された海水浴場の絵葉書。陸軍駐屯地が近いこともあり、軍服姿も見える。

508
中原海水浴場
大正後期
中原海水浴場に遊ぶ水着女性たち。当時の水着ファッションが興味深い。

509
芦屋海水浴場（筑前芦屋）
大正後期

510
春吉校夏期衆落
昭和9年

511
博多櫛田神社　御遷宮行列
大正後期

512
箱崎日本海海戦役記念式の光景
明治末

記念行事

記録と記憶が交差する

行事を記念して発行された絵葉書には、行事そのものを宣伝・告知するものと、行事の後にその記録として発行するものの二種類がある。ここで紹介するのは後者の絵葉書。今なら数分も経たずに全国ニュースで知らされるような内容も、当時は何週間、何カ月もかけて情報が伝わっていた。記念行事ならではの緊張感が伝わってくるものが多く、絵葉書が当時の人々の大切な情報源だったこともわかる。

513
博多櫛田神社　御遷宮行列
昭和初期

514
福岡市奉迎門（西中洲）
大正初期

515
博多西中洲の大凱旋門
大正初期

516
水馬演習の実況（津屋崎）
大正後期

517
米国人形ユーニスモートン嬢歓迎会（黒土村）
昭和2年
昭和2年、日米交歓行事としてアメリカの少女たちから人形1万3千体が贈られた。福岡県庁にも250体が届き、県内の主要幼稚園や小学校に配布された。

518
大嘗祭主基斉田　田植
昭和3年
昭和天皇即位の大礼の年の新殻を供える大嘗祭に使用する稲の産地に早良郡脇山村（現・早良区脇山）・石津新一郎の水田が選ばれた。

519
大嘗祭主基斉田　八乙女
昭和3年
早良郡脇山村での記念行事の様子。

522

521

520

520
米国冒険飛行記念（福岡市）
大正10年5月

521
建国祭記念（福岡市）
昭和5年

522
高良神社　皇軍の武運長久を祈る裸参の若人
昭和12年11月

523
博多っ児の意気天に沖す　流れ舁き
昭和初期

524
一番山笠（萱堂町）裏
大正後期

祭り

絵葉書に祭りの原点を見る

各地で伝統として伝わる祭りの風景を見ていると、雄壮さや華やかさのほかに、参加する人間と見物客との絶妙のバランスも祭りの重要な要素であることに気づく。祭りに取り組む真剣な眼差しと、それをまっすぐに見つめる観客の視線。時代を超えて、その思いは現代に受け継がれている。残されている絵葉書の中の祭りの多くが、今も盛大に開催されている点も興味深い。

525
祝うた酔うたの博多松囃子
大正後期
仮装し沿道を行進する人々。

526
追山の壮観（祇園山）
昭和初期
博多祇園山笠櫛田入りの景観。今も昔もその迫力は変わらず、人々を魅了する。

527
博多松囃子（どんたく）
大正後期

528
ドンタク（博多名物）
昭和初期

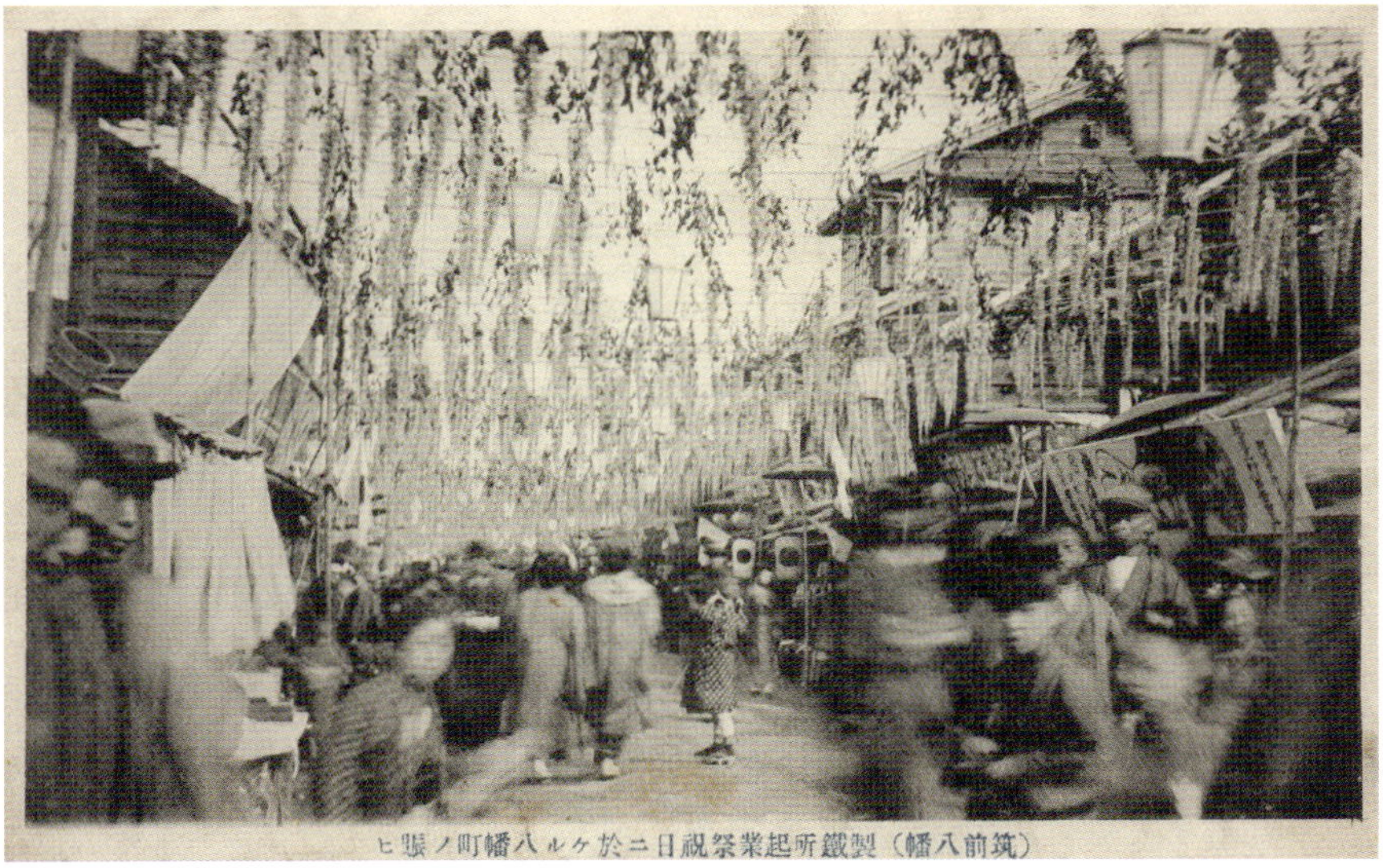

529
八幡宮秋祭の燈籠人形（筑後福島町）
昭和初期

530
製鉄所起業祭祝日における八幡町の賑い（筑前八幡）
昭和初期

531
筥崎八幡宮の玉せせり祭
大正後期（福岡土俗絵葉書）

病院

532
福岡春吉町
下川医院(内科小児科)
大正後期

533
博多古門戸町　小野小児科院
大正中期

病院も活用した宣伝ツール

自分の住む町の魅力を考える時、安心できる病院が近くにあることは今も昔も重要な要素であり、信頼できる医者探しは共通の課題。そして病院は存在を認知してもらうために、企業や商店などと同じく絵葉書を作って周囲に配った。福岡市内は特に絵葉書を作った病院が多く、競争が激しかったとも想像できるし、単に流行していたとも考えられる。真意はともかく想像をめぐらせるのは楽しい。

534
福岡春吉町　福岡看護婦会
大正後期

535
福岡市旧柳町
戸上胃腸科医院の全景
大正後期

536
福岡天神町　天心堂医院
大正中期

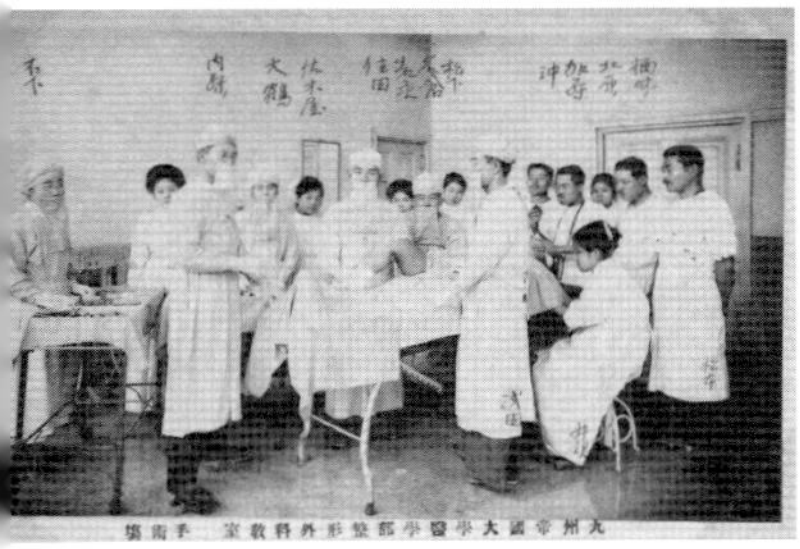

537
九州帝国大学医学部
整形外科手術場
大正中期

538
九州帝国大学医学部（福岡名所）
大正中期

539

539
三井三池炭鉱　三井医院
昭和初期

540
柳河病院　正面
昭和初期

541
福岡大名町　服部内科医院前面
昭和初期

542
糸島郡芥屋村　岩隈病院病室正面
大正後期

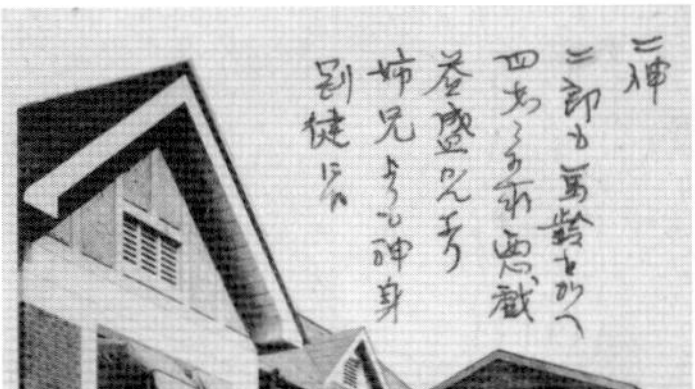

541

540

543
太宰府天満宮　武蔵温泉
昭和20年代

544
武蔵温泉　湯町の景（筑前）
大正中期
埋め立てられる前の川湯が中央を通り、風情ある湯町の景観となっている。

湯町・浴場

庶民に親しまれた浴場

各家庭に浴室を設けるようになったのは、昭和も戦後。それ以前は、町中の銭湯や浴場、近隣の温泉街が今以上に身近な存在として庶民に親しまれていた。さすがに小さな銭湯で絵葉書を発行していた所は見あたらないが、大衆浴場や温泉街の絵葉書は多い。その佇まいや設備を垣間見ることができ、今のスーパー銭湯と比較しても劣らない魅力を感じる。

545
武蔵温泉ごぜん湯（筑前）
大正中期

546
若松港潮湯　三勝館森永
大正中期

547
博多　潮湯晴心館
大正中期

548
筥崎海浜　抱洋閣庭園
大正中期

549
筥崎浜の潮湯　抱洋閣（福岡百景）
大正中期
明治43年の第13回九州沖縄八県連合共進会の際に、迎賓館として箱崎浜に落成。設計は日本生命福岡支店（現・赤煉瓦文化館）と同じく辰野金吾博士。

550

551

550、551
博多那珂川噴泉浴場
階下売店・理髪所　大正11年3月
中洲南新地に大正11年開店。入場料大人10銭、12歳以下5銭で終日利用できた。施設は球技場や理髪店などを備え、演舞場では浪花節や仁和加などの演芸が行われて、湯上がり客で賑わった。浴場の南側には、料理部として料亭「那珂川」を開設。昭和に入ってすぐ両施設は経営不振で閉鎖されるが、料亭はその後「清流荘」として再開業。戦災で焼失し、今は「清流公園」にその名が残る。

552
博多那珂川噴泉浴場　余興場
大正後期

553
博多那珂川噴泉浴場　全景
大正後期

554
博多柳町
明治40年頃
石堂川（御笠川）川べりにあった柳町は、博多小女郎伝説と相まって賑わうも、九州帝国大学誘致の余波を受け、明治42年に住吉村（現在の中央区清川）に町ごと移転。新柳町と称した。

幾多の逸話が残る花街

遊郭

福岡藩が置かれた江戸初期からの伝統を誇る博多柳町をはじめ、県内には門司の馬場、若松連歌町、枝光白川町、久留米桜町などが遊郭街として賑わったが、昭和三十一年の売春防止法の制定で一斉に廃止された。華やかな遊郭街には逸話も多く、柳町に遊興した高杉晋作など、歴史や画壇に名を残す著名人にまつわる伝説がある。

555
博多柳町全景（石堂川河口付近）
明治39年

556
新柳町　小松屋
大正中期

557
博多遊廓新柳町（福岡名所）
大正中期
明治42年に移転し、売春防止法の制定で廃止されるまで50数年間賑わった新柳町の景。

558
馬場遊廓（門司名所）
大正中期

559
遊廓（門司名所）
大正後期
明治期より九州の玄関口としていち早く発展を遂げた門司にあった馬場遊郭の景観。夜になると艶やかな色彩を放っていた。

560
門司遊廓街（門司風景）
大正後期

561
枝光白川町遊廓（筑前八幡名所）
大正中期
八幡製鉄所を間近に望む枝光白川町にあった遊郭街。

562
博多一楽　小女郎の間（博多新柳町）
昭和初期

563
博多一楽　正門（博多新柳町）
昭和初期
福岡出身の画家・和田三造が考案したという楼門は新柳町のシンボル的な存在だった。

565

566

565
陸軍特別大演習記念　大本営行在所（明善中学校）
明治44年

564
陸軍特別大演習記念　久留米市
明治44年（エンボス加工）

566
福岡市街上空の陸軍軍用飛行機（陸軍特別大演習記念）
大正5年

コラム

軍事演習絵葉書

演習や駐屯地の紹介

逓信省発行の絵葉書と並ぶ公式絵葉書の一つが軍事関連の絵葉書。毎年各県持ち回りで開催された陸軍特別大演習や駐屯地での実況を伝える目的で発行されたもの、最新鋭の軍事力を庶民に伝えるための、戦闘機や大砲などの紹介絵葉書などがある。

福岡県内では、明治四十四年に久留米市を中心に、筑後平野と佐賀平野で南北両軍に分かれての五日間の演習を、明治天皇を迎えて実施。大本営は久留米明善中学校に置かれた。大正五年には新築間もない福岡県庁を大本営とし、福岡市を中心に四日間、大正天皇を迎えて演習が行われた。

絵葉書はその二つの大演習に絡むものが多く、デザインの施された宣伝絵葉書から演習の実況風景を紹介するものまで、数多く発行されている。

明治四十四年の大演習では、熱気球など最新鋭の軍事兵器が紹介されている。また、第一次世界大戦終了直後、大正五年の大演習では、博多駅前に建てられた巨大な奉迎門、大刀洗飛行場から飛来した航空機をモチーフにした絵柄も多い。

その後も、太平洋戦争時には手狭となっていた福岡第一飛行場（雁ノ巣飛行場）の代わりとして席田飛行場（板付基地、現・福岡空港）が設置されるなど、福岡は航空機と縁が深い地である。当時師団が置かれた駐屯地の多くは、今も継続して自衛隊が駐屯している。

568

567

567
陸軍特別大演習実況　軽気球
明治44年

568
歩兵第五十六連隊軍旗祭
余興の角力
大正中期

570

569

569
福岡県奉迎門（博多停車場前）
大正5年

570
歩兵第二十四連隊
表門（福岡城内）
大正初期

第7章

まなび舎

■九州帝国大学・福岡中学校・修猷館中学校・福岡高等女学校・九州高等女学校・福岡県女子専門学校・福岡女子師範学校・筑紫高等女学校・朝倉女子実業学校・朝倉中学校・久留米中学明善校・久留米高等女学校・八女高等女学校・山門実業女学校・柳川伝習館・糸島高等女学校・柳川尋常高等小学校・北野小学校・関屋尋常高等小学校・甘木尋常高等小学校・北崎尋常高等小学校・福島校・八女技芸女学校・御井尋常高等小学校・豊津中学校・黒土尋常高等小学校・春吉校・箱崎尋常高等小学校・福岡裁縫女学校・福岡学園・

■福岡女子高等臨海学校・西新校・西新幼稚園・今川幼稚園

■記念絵葉書の一ジャンルとして、各種学校が発行した絵葉書がある。校舎の落成から、夏休みの臨海学校、運動会風景など、その内容も多岐にわたり、当時の学校の状況がよくわかる。学校関連の絵葉書を並べ、発行された地域を見ると、尋常高等小学校などの模範校を中心に、公立私立入り交じり、県内全域でくまなく発行されていることもわかる。当時、学生だった絵葉書中の人々が、今も存命の可能性もあるわけで、そう思うと一気に親近感が増し、わくわくしてくる。

571　修猷館運動会　機械体操
大正2年5月15日

572
福岡医科大学
明治40年
現・九大医学部。明治36年、京都帝国大学福岡医科大学として現在地に開校。

573
九州帝国工科大学
明治45年
明治44年、福岡医科大学に工科大学が併設され九州帝国大学となる。工科大学は箱崎の現在地に新築され、大正8年より工学部と改称。

学校

帝国大学誘致と都市発展

高等教育機関の価値は教育問題だけに留まらない。都市の発展に役立てた象徴が福岡市で、第四代市長・松下直美は、在職中に福岡市の将来を教育機関の充実に求め、市立福岡商業や県立福岡女子師範の創立、修猷館中学の西新町移転を支援し、帝国大学の誘致合戦に勝利した。当時誘致合戦を繰り広げた熊本や長崎に都市機能で後れをとっていた福岡市が大学誘致成功を機に発展したことは、当時の観光絵葉書に必ず大学が数枚含まれていたことでもわかる。

574
福岡中学校　校舎
大正9年
現・福岡高校。大正6年4月に西新の修猷館寄宿舎で開校。同8年末、現在地の千代2丁目に校舎完成移転。

575
福岡県立中学修猷館　大運動会
大正2年

576
修猷館　卒業生千人祝賀記念
明治41年
明治33年に大名町から西新町へ新築移転した修猷館は明治41年に卒業生が千人を突破。記念絵葉書も数多く発行。

577
福岡高等女学校　卒業生千人記念
大正2年

578
福岡高等女学校
大正初期
明治31年に福岡市立として発足、同41年に県立に移管。明治34年、福岡市因幡町（現・ソラリアプラザ付近）に校舎新築。

579
九州高等女学校　新築校舎
大正中期

580
九州高等女学校
大正初期
明治40年、中央区荒戸の現在地に釜瀬新平が創立した私立女学校。昭和23年、九州女子高等学校となる。

581　**福岡県女子専門学校　遠望**
大正12年
大正12年、福岡市須崎裏町（現・須崎公園付近）に設立された日本初の公立女子専門学校。校舎は昭和12年の火災で全焼。現・福岡女子大学。

582
県立福岡女子師範学校　運動会
大正初期
明治36年、福岡市中央区鳥飼に設立された。校舎は昭和20年の空襲で焼失。

学校

絵葉書で様々な行事を紹介

大正時代になると、県内各地の学校で記念品として、学校の宣伝ツールとして、数多くの絵葉書が作られた。そこに残された光景も千差万別。校舎の紹介とともに、授業風景や運動会など様々な行事風景が残されている。これらは単なる記念写真と違い、生徒の学校での日常が垣間見られ、当時の写真資料として貴重なものばかりだ。女学校発行のものが多いことも興味深い。

583
県立筑紫高女　正門の端麗
大正後期

584
県立筑紫高女　理化実験室
大正後期
筑紫中央高校の前身の筑紫高等女学校は、スポーツとしつけ教育で鳴らし、県筑と呼ばれた。

585
朝倉女子実業学校　裁縫（四学年）
大正中期

586
福岡県立朝倉中学校
大正後期

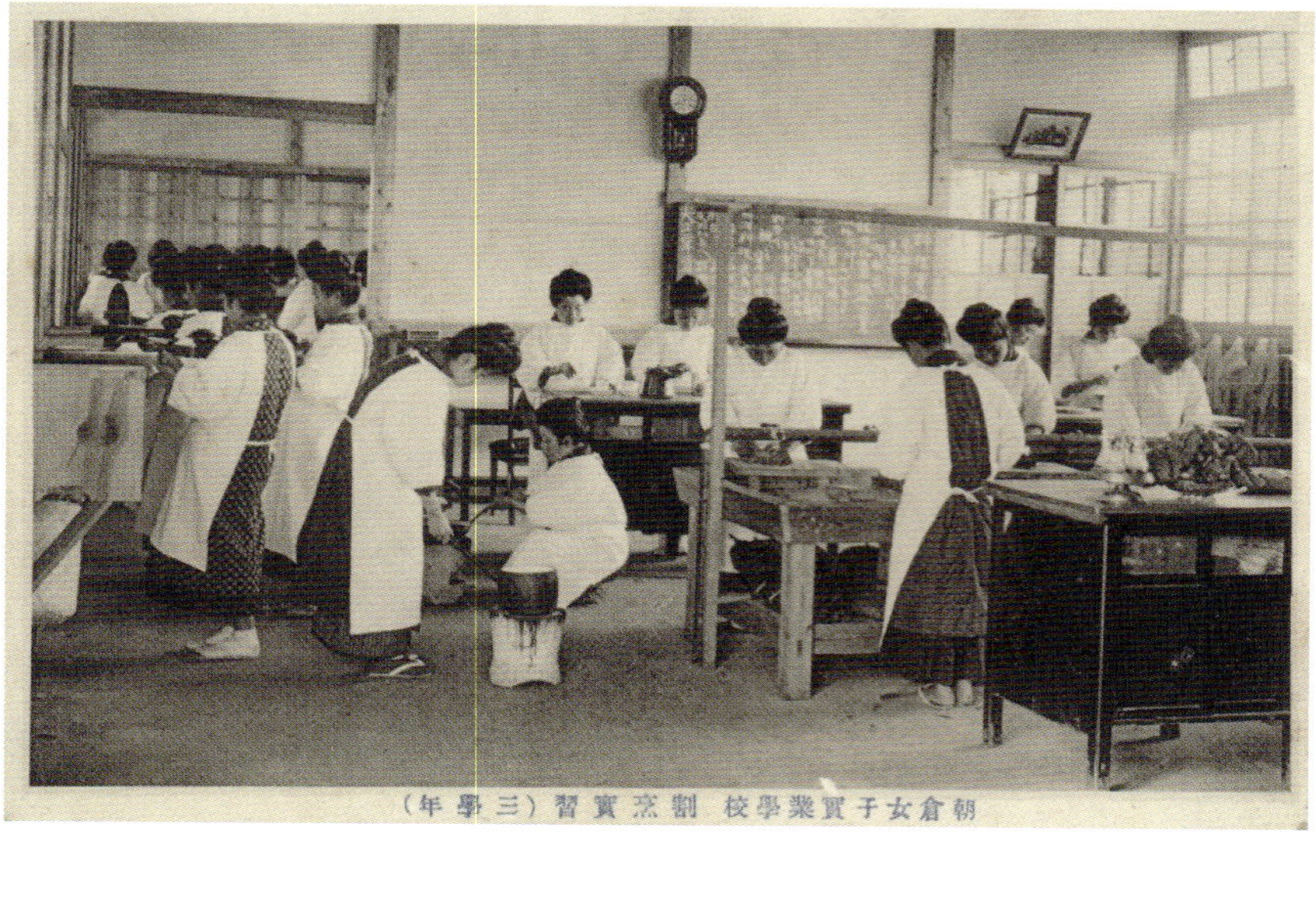

587
朝倉女子実業学校　割烹実習（三学年）
大正初期

588
久留米高等女学校
大正初期

589
久留米中学明善校本館の景
大正中期

明治32年に県立中学となる。昭和14年7月、校舎は火災で焼失。明治44年の陸軍特別大演習では大本営が置かれ、完成したばかりの正門に「大本営」の看板が掲げられた。

590
県立八女高等女学校全景
大正中期

591
県立山門実業女学校　運動会
大正13年

運動会でのリレー応援風景。

592
柳川伝習館
明治39年

明治27年に県立移管。昭和23年の学制改革で柳川高等女学校と統合し伝習館高等学校となる。

593
糸島高女　運動会全景
大正中期

594
柳河小学校
尋常六年の地理独自学習
大正15年

595
山門郡柳川尋常高等小学校
大正初期

学校

時代とともに変化した学校

明治五年の学制頒布以来、県下に順次設置された小学校は、明治七年には七八〇校を超えて国民皆学・義務教育の体制が急速に整う。尋常小学校、国民学校と名を変え、学年構成変更や統廃合を繰り返した小・中学校は、それぞれの地域の教育拠点としての役割を果たした。校舎の大半は老朽化や戦災で姿を消し、絵葉書を含めた写真の中にその懐かしい姿を留めるのみ。教育の原風景がここにある。

596
北野小学校尋常科六年生
昭和初期

597
筑紫郡関屋尋常高等小学校　校舎
大正後期

598
甘木尋常高等小学校　校舎全景
大正後期

599

600

599
糸島郡北崎尋常高等小学校
大正初期

600
八女郡福島校　体育実際ハードル
大正後期

601
八女郡八女技芸女学校　礼法及生花
大正9年

602

601

604

602
三井郡御井高等小学校
女子実業学校正門　明治44年

603
豊津中学校　育徳寮
昭和13年

604
黒土尋常高等小学校
昭和2年

603

605

606

605、606
春吉校夏期聚落
昭和9年
全員白のシミーズにおかっぱ頭。臨海学校の風景がスナップ感覚で残されている。

学校

子供たちの笑顔の記録

一般庶民にカメラが普及したのは戦後になってから。学校で行われた様々な行事は、撮影され絵葉書として各家庭に配られた。印刷技術の向上で製作コストも安価となり、熱心な学校は行事のたびに絵葉書を製作したようで、種類も豊富だ。

大正後期になると夏休みの臨海学校、林間学校が各校で行われ、当時の絵葉書には生き生きとした子供たちの姿が収められている。

607
箱崎尋常高等小学校　学芸会
大正中期
全員正座し着物姿。女子はきちんと髪を結い、男子は坊主頭。時代とともに変化する姿を見比べるのも面白い。

608
東公園　私立福岡裁縫女学校
大正後期

609
箱崎尋常高等小学校
大正中期

610
福岡学園　自習
大正後期

611
福岡学園　全景
大正後期

福岡学園は福岡市城南区別府、現在の中村学園付近にあった。

612
福岡女子高等臨海学校　児童劇
大正後期

613
新築西新校及児童
大正後期

松林に囲まれた校庭にきちんと整列。左手奥には砂浜が見える。

614
西新幼稚園新築園舎
昭和初期

615
今川幼稚園
昭和初期

エプロン姿にセーラー服や学生服姿の子供たち。年長組だろうが、しつけの良さが伝わってくる。

あとがき

十代の頃から地域活動に興味があり、様々なボランティアに参加、活動に関わる中で様々な人と出会い、知識や経験を積むことができた。その中で絵葉書収集に入っていくきっかけに出合い、絵葉書の価値に気づかされていった。

最初のきっかけは、博多市民センターの青年講座企画ボランティアへの参加。月替わりで「博多」を学ぶ講座で、福岡県の観光アドバイザーなどをされている岡部定一郎さんの「博多歴史講座」を行う。岡部さんの楽しい語り口とともに、明治から戦前にかけての博多の町並み映像がスライドで紹介された。人々が行き交う様子や町並みが鮮やかに映るが、「へえ、こんな写真が残っているんだな」と、その時は感心するばかりだった。

そのすぐ後、もともと歴史が好きだったこともあり、暇があると骨董市や古書店巡りをするのだが、ある骨董市で段ボールの中に山積みされている古い絵葉書が目に留まる。

よく見るとそれは、郷里に近い耶馬渓と中津の戦前の観光絵葉書で、今はなくなった耶馬渓鉄道の汽車やこの地域に多く残る石橋などが写っている。さらに段ボールを漁ると、岡部さんの講座で使われていた博多の町並みと同じような写真絵葉書もたくさん出てきた。気がつくと、人目も気にせず二時間以上もかけて絵葉書を漁る自分がいて、両手にいっぱいの古絵葉書を抱えていた。

それからは時間を作ってはアンティーク絵葉書を探し、最初は大好きな「地図」絵葉書や「橋」が写っているもの、デザイナーという仕事柄、デザインや構図の参考資料となるものなどを集めていたが、次第に収集ジャンルが広がっていく。

今回絵葉書を提供して下さった平原健二さんが会長を務める日本絵葉書研究会に参加したのは、わずか二年ほど前。ちょうどJTBキャンブックスから平原さんの絵葉書コレクション本が出版され、当時箱崎にあった玄学書房さんの紹介で参加した。

玄学書房の主人・畑中正美さんも絵葉書研究会の会員で、現在は郷里の東京へ引越されて「えはがき屋」という屋号でアンティーク絵葉書の専門店を開かれている。

お二人は、絵葉書の魅力を伝える活動を長年されていて、この世界では全国的にも名が知られた方だが、会に参加しその知識の豊富さや見識の深さ、そして充実したコレクションに触れるにつれて、何かのテーマでこの膨大なコレクションをまとめてみたい、と思うようになった。

構想を練り始めてから約一年半、以前から縁のあった海鳥社が出版を承諾してくれて、企画が本格的にスタート。企画当初から一環したコンセプトは、「今回の主役は絵葉書」だということ。単なる懐古的な写真集ではなく、絵葉書の歴史や、絵葉書を発行し現在に貴重な画像資料を残してくれた出版者に敬意を記すような本にしたかった。

二万五千点に及ぶ平原さんの絵葉書コレクションから、福岡県関係で珍しい図柄に絞って千点ほどを抽出。全県満遍なく収集された中で、やや数や質で劣った部分を畑中さんや私のコレクションで補って、さらに六百点ほどに絞り込む。この過程が実は一番楽しく、そして苦労した部分で、何度も平原さん宅や畑中さん宅へ通った。

感心したのは、お二人のコレクションがともにきちんと分類・整理され、とても見やすかったこと。コレクション自体も構図や品質、状態も申し分ないものが多く、レベルの高い絵葉書資料を選ぶことができた。また、分類方法もそれぞれに違い、編集の際に参考となった。

平原さんは絵葉書のほかにも西洋アンティークをはじめ、ポスターや双六、マッチラベル、うちわなどの紙ものも多く集められているが、絵葉書はサイズがほぼ一定で、コレクション・保存する際に一番都合がいいと語る。

絵葉書を選ぶと、次は絵葉書一枚一枚の情報を調べる作業。絵葉書の素性や写り込んでいる町並みを一枚ずつルーペで確認し、文献・資料で調べていく。図書館や歴史資料館、博物館に通いながら、絵葉書に写っている場所の多くへも足を運んだ。絵葉書メーカーだった大崎周水堂さんなどを訪れ取材を希望するも、当時の資料は失われ、聞き取り調査で足踏みしたことも……。

そんな過程を経てようやく完成したこの本だが、調べの及ばなかった部分や、せっかく調べながらスペースの都合で絵葉書・文章ごと省いたものも多い。この本を見て、ご指摘や新たな絵葉書の掘り出し、絵葉書にまつわる逸話などを教えていただけると幸いである。

最後に、ご協力いただいた多くの機関、個人の方々に深く感謝するとともに、私のわがままに応えてくれた海鳥社の杉本雅子さんをはじめ、皆様に心よりお礼を申し上げる。

益田啓一郎

参考文献・資料

石橋源一郎・波多江五兵衛共編『思い出のアルバム　博多、あの頃』(葦書房)
井上精三著『博多大正世相史』(海鳥ブックス)
井上精三著『福岡町名散歩』(葦書房)
井上精三著『博多郷土史事典』(葦書房)
井上精三著『博多風俗史』芸能編(積文館書店)
伊藤研之・原田種夫編『画文集博多』(創言社)
江頭光著『ふくおか100年』(ぐるーぷ・ぱあめ)
小田部博美著『博多風土記』(海鳥社)
北九州市産業史編集委員会編『北九州市産業史』(北九州市)
北九州市土木史編集委員会編『北九州市土木史』(北九州市)
九州橋梁・構造工学研究会編『九州橋紀行』(西日本新聞社)
咲山恭三著『博多中州ものがたり』前編・後編(文献出版)
新藤東洋男著『明治・大正・昭和の郷土史40　福岡県』(昌平社)
奈良崎博保著『福岡・北九州市内電車が走った街今昔』(JTBキャンブックス)
原口隆行編著『絵葉書に見る交通風俗史』(JTBキャンブックス)
福岡文化連盟編『画文集博多新風土記』(梓書院)
柳猛直著『福岡歴史探訪』シリーズ(海鳥社)
芳野敏章著『若松今昔ものがたり』(西日本新聞社)
米津三郎編『読む絵巻　小倉』(井筒屋)
『福岡県百科事典』上・下(西日本新聞社)
別冊太陽『大正・昭和の鳥瞰図絵師吉田初三郎のパノラマ地図』(平凡社)
「古地図研究」307号「吉田初三郎特集」(日本古地図学会)
藤本一美「鳥瞰図類の楽しみ　初三郎の弟子達～前田虹映」(「文芸広場」掲載)
藤本一美「鳥瞰図の世界」(「地図ジャーナル」掲載)
写真集『さようなら砂津66年～さらなる飛翔・新都心』(朝日新聞西部本社)
『写真で見る門司100年の歩み～門司百年』(北九州市門司区役所)
「郷土100年展」図録(筑紫野市歴史博物館)
『福岡市市制100周年記念　ふるさと100年』(福岡市)
『絵葉書と鳥瞰図で見る日本の温泉』西日本編(国書刊行会)
「カフェと文学～レイロで会いましょう～」福岡市総合図書館
『豊前の街道をゆく(1)中津街道』(豊前の街道をゆく会)
福岡シティ銀行編『博多に強くなろう』1・2(葦書房)
夕刊フクニチ新聞社編『福岡駅風土記』(葦書房)
山本作兵衛画文『筑豊炭坑絵巻』(葦書房)
『北九州思い出写真館』(北九州市住まい・生活展実行委員会、財団法人北九州都市協会)
能間義弘著『福岡博多映画百年』(今村書店サンクリエイト)
梅林孝雄著『福岡県地名考』(海鳥社)
林宏樹編『ニッポンのかわいい絵葉書　明治・大正・昭和』(グラフィック社)
林宏樹編『ニッポンのごあいさつ絵葉書　明治・大正・昭和』(グラフィック社)
林宏樹編『ニッポンのろまん絵葉書　大正浪漫の世界』(グラフィック社)
「彷書月刊」通巻216号「絵葉書蒐集家特集」(弘隆社)
「福岡映像史」図録(福岡市美術館)
大城美知信・新藤東洋男共著『わたしたちのまち三池・大牟田の歴史』(古雅書店)
『目で見る行橋・豊前の100年』(郷土出版社)
『目で見る久留米・筑後・八女の100年』(郷土出版社)
『目で見る北筑後の100年』(郷土出版社)
『目で見る南筑後の100年』(郷土出版社)
『目で見る筑豊の100年』(郷土出版社)
『目で見る北九州の100年』(郷土出版社)
『目で見る福岡市の100年』(郷土出版社)
『目で見る筑紫・太宰府の100年』(郷土出版社)
『目で見る宗像・糟屋の100年』(郷土出版社)
『九州の鉄道100年記念誌　鉄輪の轟き』(九州旅客鉄道)
『写真集　福岡100年』(西日本新聞社)
飯塚地方誌編纂委員会編『地図と絵で見る飯塚地方誌』(元野木書店)

※その他、各自治体発行の「市史」「郡史」「町史」及び「産業史」などを参考にしました。

地域別掲載絵葉書所有者リスト

福岡市

東区

平原：111、113、114、115、254、257、277、278、279、286、288、301、302、303、304、305、421、440、441、442、444、445、455、456、458、481、487、495、512、531、537、538、548、549、572、573、607、608、609、
益田：112

博多区

平原：007、011、012、013、028、047、048、049、050、056、075、079、080、081、082、083、084、085、086、087、088、089、090、091、092、095、256、258、266、267、287、289、290、292、308、309、310、325、360、363、364、366、369、370、371、372、373、374、376、399、405、409、410、411、431、432、433、434、435、436、473、477、490、492、510、511、513、521、523、524、525、526、527、528、533、535、547、550、551、552、553、554、555、569、574
益田：002、005、016、017、021、025、027、036、037、077、252、253、323、324、378、406、407

中央区

平原：006、014、015、029、030、031、032、033、034、035、051、052、060、061、062、063、064、065、066、067、068、069、070、071、072、073、074、093、094、096、097、098、099、100、101、102、103、104、105、106、107、108、109、110、116、117、118、119、255、291、299、300、377、382、386、387、388、390、391、392、393、394、397、400、402、403、408、423、424、425、426、427、428、429、430、452、459、460、461、462、469、476、478、479、485、486、500、501、502、514、515、520、532、534、536、541、556、557、562、563、566、570、577、578、579、580、581、582、605、606、612、615
益田：018、020、054、055、057、322、396

早良区・城南区・南区

平原：457、499、503、504、518、519、571、575、576、613、614　益田：120、610、611

西区

平原：280、281、326、327、375

前原市・糸島郡

平原：196、197、198、415、542、593、599　益田：412

糟屋郡

平原：129、130、194、195、199、200、274、297、453、498

宗像市・宗像郡

平原：121、122、123、124、125、126、269、505、516
畑中：010、127、175、416、419、489
益田：128、259、482

春日市・大野城市

平原：201、202、203、454、583、584

太宰府市・筑紫野市

平原：204、205、206、207、208、209、210、298、362、413、414、468、488、543、544、545、597
益田：318、319、320

久留米市・三井郡

平原：046、076、078、216、217、218、219、220、221、222、223、224、225、271、272、306、307、358、359、361、381、522、564、565、567、568、588、589、596、602
益田：058、059、249、250、321、616、617

筑後市

平原：240、241、242、389、465、506

大川市

平原：237、238、239、311、472

八女市・八女郡

平原：246、247、463、474、529、590、600、601

柳川市・山門郡

平原：229、230、243、244、245、282、395、491、540、591、592、594、595

大牟田市

平原：003、226、227、228、231、232、233、234、235、236、276、312、339、344、345、346、539　益田：248

北九州市

門司区

平原：008、038、040、041、131、132、133、134、135、137、138、139、140、260、261、262、284、293、367、368、384、404、417、418、451、558、559、560
畑中：136、313、315、380、383、385
益田：001、443

小倉北区・小倉南区

平原：004、026、039、043、045、141、142、143、144、145、146、147、148、150、151、264、265、285、294、296、365、446、447、448、449、466、467
畑中：295、379、401
益田：042、149、251

戸畑区

平原：162、163、356、357、450、483、507、508
益田：164、165

八幡東区・八幡西区

平原：044、152、153、154、155、156、157、158、159、161、263、347、348、349、350、351、352、353、354、355、484
畑中：530、561　益田：019、160

若松区

平原：166、167、169、170、171、316、317、342、343
畑中：314、546　益田：168

行橋市・京都郡

畑中：178　益田：179、180、603

築上郡

畑中：181、398

豊前市

益田：182、183、493、494、496、497、517、604

遠賀郡

畑中：172、173、174、470、509　益田：471

中間市

益田：176、177

直方市

平原：192、268、439、475　益田：193

鞍手郡

平原：336、337、338、340、341

田川市・田川郡

平原：053、184、185、186、270、273、275、283、333、334、335、464

飯塚市

平原：009、189、190、191、331、437、438

嘉穂郡

平原：329、330　益田：422

山田市

平原：187、188、328、332

甘木市

平原：214、420、598

朝倉郡

平原：213、215、480、585、586、587

浮羽郡

平原：211、212

その他

益田：022、023、024

絵葉書提供者

平原健二（ひらはら・けんじ）昭和5年、熊本市に生まれる。絵葉書収集歴41年。モービル石油、扶桑石油勤務のかたわら絵葉書の収集に努める。この間に『1億人の昭和史』（毎日新聞社）、『太陽コレクション』（平凡社）、『図説　昭和の歴史』（集英社）、『ドラマ・ストーリー』（日本放送出版協会）、各県の『ふるさと100年』（郷土出版社）、各都市の市制100年史など、50冊あまりの書籍・雑誌に絵葉書を提供。平成12年にコレクションによる『絵葉書が語る20世紀の熊本』（熊本日日新聞社）、同13年『絵葉書に見る交通風俗史』（JTBキャンブックス）が刊行される。平成15年には王塚装飾古墳館にてコレクションによる『うちわ絵に見る明治大正昭和のくらし』展も開催された。現在、福岡市にある日本絵葉書研究会の会長を務める。福岡県大野城市在住。

畑中正美（はたなか・まさみ）昭和25年、東京生まれ。絵葉書収集歴21年。福岡市東区箱崎で古書店「玄学書房」を営みながら絵葉書収集に努める。平成15年春、東京へ移転。現在は「えはがき屋」と名を改め、アンティーク絵葉書専門店を営みながら様々な書籍・雑誌に絵葉書を提供するなど、絵葉書の普及活動中。ジャパン・ポストカード・ライブラリー主宰。東京都品川区在住、日本絵葉書会会員。福岡・博多を中心に復刻絵葉書発行も手掛けている。ホームページ「日本の古絵葉書」は http://www2s.biglobe.ne.jp/~postcard/

616

617

616、617　**旭屋デパート新築記念　絵葉書帳**

編者プロフィール

益田啓一郎（ますだ・けいいちろう）昭和41年、大分県宇佐市に生まれる。昭和62年、九州デザイナー学院卒業後、豊前市の築上印刷デザイン室、ゼンリンプリンテックス勤務を経て、平成12年独立。企画プロダクション・アソシエを設立し、地場企業や学校・病院などの企画プロモーション、「ゼンリン地図の資料館」をはじめとする資料館や博物館の企画展立案などを行う。これまでに「吉田初三郎が描いた九州展」「瀬戸内を巡る鳥瞰図　絵師・吉田初三郎展」「明治・大正・昭和・絵葉書に観る福岡・博多の町並み展」「ふくおか文化観光百年史展」などを担当。展示図録などの編纂・発行も手掛ける。アクロス福岡文化であい塾「アンティーク絵葉書の蒐集の楽しみ」講演、瀬戸内・海の路ネットワーク推進協議会での基調講演「瀬戸内海を巡る鳥瞰図絵師・吉田初三郎」など講演多数。絵葉書収集の傍ら、地図絵葉書の歴史や大正・昭和の鳥瞰図絵師・吉田初三郎と前田虹映の九州での活動を研究。インターネットにて地図のポータルサイト「地図の資料館」(http://www.asocie.jp) を企画運営。平成16年現在、NPO法人エコネットふくおか理事、NPO法人全国福祉情報推進協議会理事、NPO法人フューチャー500九州・福岡事務局長など、多数の市民活動に参画。日本絵葉書研究会会員、日本絵葉書会九州支部会員、日本国際地図学会会員。福岡市博多区在住。

平原健二・畑中正美コレクション

ふくおか絵葉書浪漫

アンティーク絵葉書に見る
明治・大正・昭和の福岡県風俗史

■

2004年８月10日　第１刷発行

■

編者　益田啓一郎
発行者　西　俊明
発行所　有限会社海鳥社
〒810-0074　福岡市中央区大手門３丁目６番13号
電話 092(771)0132　FAX 092(771)2546
印刷・製本　瞬報社写真印刷株式会社
ISBN 4-87415-491-3
http://www.kaichosha-f.co.jp
［定価は表紙カバーに表示］